W0064303

Karlheinz A. Geißler

Immer mit der Ruhe

Ein einfach-leben-Buch

MIX
Papier aus verantwor-
tungsvollen Quellen
FSC® C014496
FSC
www.fsc.org

© Verlag Herder GmbH, Freiburg im Breisgau 2021
Alle Rechte vorbehalten – Printed in Germany
www.herder.de

Satz und Innengestaltung: Gestaltungssaal, Rohrdorf
Herstellung: GGP Media GmbH, Pößneck
Printed in Germany

ISBN Print: 978-3-451-00870-2
ISBN E-Book: 978-3-451-82563-7

Karlheinz A. Geißler

Immer mit der Ruhe

Leben ist zu schön für Hast und Hektik

Mit einem Vorwort herausgegeben von
Rudolf Walter

HERDER

FREIBURG · BASEL · WIEN

Das geht mir
alles
viel zu schnell.

Inhalt

Himmlische Ruhe – irdisches Glück

Vorwort von Rudolf Walter

Für 61 Prozent der Deutschen unter 29 Jahren beginnt der Tag mit einem Blick auf ihr Handy. Abends nicht anders: 40 Prozent aller Befragten werfen, als letzte Tagesaktivität, einen letzten Blick aufs Handy, bevor sie einschlafen.

„Nichts tun", so der Titel eines Buchs, das die amerikanische Künstlerin Jenny Odell geschrieben hat und das von der Kunst handelt, sich dem Sog der sozialen Medien zu entziehen. Ihr „Held" kommt aus einer ganz anderen Welt. Es ist ein uralter Mammutbaum ihrer Heimat Oakland, der Jahrhunderte nur überlebt hat, weil sein Holz als unnütz und nicht verwertbar galt. Alle anderen Bäume wurden gefällt. „Unnütz zu wirken kann verhindern, dass wir aufgefressen werden", sagt sie.

„Zeitfresser", Lebenszeitfresser, das sind nicht nur die Medien, aber die besonders. Sie sind es, so Odell, die unsere Aufmerksamkeit kaufen und weiterverkaufen, unsere Sehnsüchte nach Gemeinschaft und Verbundenheit kapern und sich so einnisten in unserer eigenen Lebenszeit: durch permanente Vernetzung, mit immer neuen Nützlichkeits-Angeboten, die Konsum und Informationen verheißen, Ansprüche stellen und Reize aussenden. Immer „schneller und schneller" und in der „Gleichzeitigkeit der Sensationen". Sie verfolgen uns – als wären sie ein Teil von uns – wie der eigene Schatten, der dicht an uns klebt.

Kann man seinen Schatten überhaupt loswerden?

Eine alte Geschichte fragt genau danach. Da geht es ebenfalls um einen Baum. Sie handelt von einem Mann, den der Anblick seines eigenen Schattens so sehr verstimmte, dass er beschloss, ihn hinter sich zu lassen und ihm davonzulaufen. Aber sein Schatten folgte ihm mühelos. Also lief er schneller und schneller so lange weiter, bis er tot zu Boden sank. Die Pointe: Er hätte nichts tun müssen, als in den Schatten eines Baumes zu treten, sich hinzusetzen und auszuruhen. So wäre er seinen eigenen Schatten losgeworden. In der Unterbrechung, nicht in der permanenten Steigerung seiner Aktivität lag die Lösung.

Immer mit der Ruhe: Das ist ein mentales Gegenlager

zum Tempo der Welt. Und – folgt man Karlheinz Geißler – auch ein Grundgesetz der Lebenskunst. Es heißt so
viel wie: Eine Grenze ziehen zwischen mir und dem, was
mich da zu überwältigen droht. Nichts überstürzen und
sich nicht treiben lassen. Sondern erst mal hinschauen,
und dann das tun, was dran ist – eins nach dem andern.
Scheinbare Automatismen unterbrechen. Achtsamkeit
und im Augenblick SEIN – fest verwurzelt im Jetzt.
Denn da ist der Ursprung von allem. Und sich nicht von
jemand anderem schubsen, bedrängen oder von Äußer-
lichkeiten unter Druck setzen oder gar erpressen lassen.

Immer mit der Ruhe meint auch: dass ich mich auch
nicht von jedem Lärm aufscheuchen oder ständig von
inneren Impulsen ablenken oder jagen oder überwältigen lasse. Sondern dass ich ganz bei mir, also: in Berührung mit mir, aber auch bei der Sache bin. Dabei aber
auch zuschauen und abwarten kann, wie etwas sich entwickelt. Es meint also: sich und der Sache Zeit lassen.
Die Zeit lassen, die sie braucht.

Alles eine Frage der Zeit, sagt Karlheinz Geißler. Und
natürlich ist auch Lebenskunst – wie alles im Leben –
zuallererst eine Frage der Zeit, aber nicht der Geschwindigkeit. „Die Zeit fährt Auto", hatte schon Erich Kästner

gesagt, fasziniert vom Tempo der Welt. Nichts gegen Tempo, aber: „Hyperdynamik ist immer schädlich, in welche Richtung auch immer – jeder Autofahrer weiß das: nicht zu sehr beschleunigen, nicht zu scharf abbremsen." Der Philosoph Hermann Lübbe, inzwischen 95 Jahre alt, hat das der SZ gesagt, am 31.12.2011, in einem Interview zu seinem 85. Geburtstag.

Das Glück fährt Rad. Oder es geht zu Fuß. Oder was andere Rezepte für eine neue Balance für ein neues Gleichgewicht sind: Innehalten, Stillsein, Pausieren, Unterbrechen, Stopp sagen.

„Nonstop happy hour" – versprach einige Jahre (bis Corona kam) die Angebotstafel einer Kneipe in Freiburg. „Happy hour": in der Regel das befristete Angebot zum preisgünstigeren Konsum alkoholischer Getränke zum „Vorglühen" – jetzt das Versprechen ewiger Glückseligkeit, wenn man nur genügend trinkt?

Ewige Glückseligkeit assoziiert den Himmel. „Nonstop happy hour" durch Alkoholkonsum könnte ein Bild für Hölle sein. Pausenloses Weitermachen galt früher als höchstes Unglück und als Strafe der Götter. Der Mythos vom Sisyphos erzählt davon. Dass man pausenlos glücklich sein könne, ist jedenfalls eine Illusion, sagt Karlheinz Geißler. Der Mensch ist ein Pausenwesen. Schon beim Atmen zeigt sich das. Einatmen, Pause, Ausatmen: Wer das nicht macht, kann nicht überleben. Wir brauchen den Rhythmus von Aktivität und Passivität, sonst werden wir atemlos – und in der Konsequenz: tot.

Dass Karlheinz Geißler der unterhaltsamste, scharfsinnigste und ausdauerndste unter den gegenwärtigen Zeitbeobachtern ist, hängt mit seiner eigenen Geschichte zusammen – und mit seiner Fähigkeit stehenzubleiben, zu schauen, das Beobachtete einzuordnen. Als Opfer der ersten Nachkriegspandemie (Kinderlähmung) war er immer gezwungen, besonders genau hinzusehen, und er hat gelernt, das auch zu reflektieren. Diese Aufmerksamkeit darauf, was das Leben bringt, hat ihn zeitlebens gelehrt, wie man Fachmann für sich selber bleibt. Mit sich selber etwas anfangen können, so seine Überzeugung, ist die Voraussetzung dafür, überhaupt etwas anfangen zu können.

Aber es ist nicht nur Selbstbezüglichkeit. Er sieht auch die gesellschaftlichen Deformationen, die unser Zeitverhalten verursacht. Er kritisiert die Hektik, wo sie schädlich wird. Er lehrt uns hinzuschauen: Wir hetzen, rennen, hasten. Wir „vertun" und „vertreiben" Zeit, „verlieren" sie oder „schlagen sie tot" – und wenns „pressiert", erfahren wir sie als drückend, strangulierend. Und unser Zeitempfinden? Zeit flieht, verrinnt, vergeht, verflüchtigt sich, drückt (bei Zeitdruck). Alles nicht sehr schön. Wir sind oft genug vertrieben aus der eigenen Zeitnatur.

Geißler dagegen sieht Zeit als Freundin. Er liebt die Zeit, bewundert ihren Farbenreichtum: die Muße, das konzentrierte Anfangen, den Genuss des Moments, das bewusste Aufhören, das Langsame ebenso wie das Schnelle, die Hummeln und die Schildkröten. Er liebt das Spiel der Zeit und besonders, wenn in der Liebe die Zeit zum spielenden Kind wird. „Time is honey", heißt es gar. Freude am Überraschenden, am „Zwischen", Aufmerksamkeit für die Vielfalt im Gegenwärtigen, den Zusammenfall von Augenblicksfülle und Zeitstillstand. All das zeigt: „Zeitvielfalt in einer rhythmisierten Ordnung leben ist der Schlüssel für einen wohltuenden Umgang mit Zeit." Sich verbinden mit der Natur, sich lustvoll einschwingen in den Rhythmus des Lebens, das gibt Stabilität, Ruhe und Kraft.

Auch für die amerikanische Künstlerin Jenny Odell ist es der Blick in den Himmel, der sie glücklich macht und sie wieder erdet. Ihre Muse ist eine Krähe und ein

Krähensohn, die sie jeden Morgen besuchen und denen sie ihre Aufmerksamkeit zuwendet, ihre Zeit schenkt. Sie sind Boten der Lebendigkeit. Durch das Absehen von sich selber wird sie mit einer neuen Verbundenheit beschenkt.

Das vorliegende Buch bestärkt eine solche Sicht: Wir kommen der eigenen Zeitnatur wieder näher, wenn wir uns auf die Natur einlassen. Das ist gutes Leben: „Naturschutz am eigenen Selbst". Dahinter ist die Einsicht: Wo man sich als Gemeinschaftswesen mit der Natur empfindet, wo Innen und Außen übereinstimmen, wo ich also Resonanz erfahre mit meiner eigenen Körperlichkeit, dort fühle ich mich auch am wohlsten: So bin ich, und so darf ich auch sein: wenn ich meinen eigenen Rhythmus spüre und lebe.

Man kann Glück tatsächlich im Nichtstun finden. Kann sich auf den Rücken legen und den Wolken nachschauen. Im Schauen erfahren wir den Augenblick – und vergessen wir die Zeit. Die Wolken ziehen. Bewegung ist auch am Himmel. Ruhe auch auf Erden. Ruhe als Lebendigkeit, die mit der Sehnsucht in Berührung ist. Wenn es himmlisch ruhig ist – in uns und um uns herum: ein Vorschein der Seligkeit.

„Lest nicht die ‚Times‘, sondern die Ewigkeiten“, dieser Satz von Hansjürgen von der Wense besagt: Es gibt mehr als die Tagesaktualität. Unsere Zeit ist begrenzt. Daher verlockt das vorliegende Buch, auch diese anderen Dimensionen wahrzunehmen: Endlich ohne Hast leben. Urlaub machen von der Hektik. Ruhige Aufmerksamkeit und Neugierde konzentrieren auf das, was lebendig hält, was dem Leben Farbe gibt. Seis am Himmel über uns. Oder in der U-Bahn, neben uns. Ankommen und da sein. *Einfach leben.*

DIE ZEIT IST BLAU

DIE ZEIT IST BLAU
KANN ABER AUCH GRÜN SEIN
AM MITTWOCH IST SIE GRÜN
UND AM SONNTAG IST SIE BLAU
UND AM DONNERSTAG IST SIE ROT
FREITAG IST SIE GELB
MONTAG IST KEINE ZEIT
AM DIENSTAG IST ZEIT WEISS
– DUNKLES WEISS

(LOU KOCH, 6 JAHRE)

„DU BIST SEHR EILIG MEINER TREU!
DU SUCHST DIE TÜR UND LÄUFST VORBEI."

(GOETHE)

Bach in der U-Bahn

Angezogen wie ein Straßenmusikant begab sich der weltberühmte amerikanische Geiger Joshua Bell im Januar 2007 zur morgendlichen Rushhour mit seinem Instrument im Geigenkasten in eine der am stärksten frequentierten U-Bahn-Stationen Washingtons. Er packte dort seine Stradivari aus und begann im Getümmel der ein- und aussteigenden Fahrgäste Bachs „Chaconne in d-Moll" zu spielen. Völlig unbeeindruckt von den Klängen, und ganz offensichtlich taub für die herrliche Musik, hasteten die Passagiere an dem großartigen

Hörerlebnis vorbei. Erst der 64. Passant verringerte sein Lauftempo, hielt kurz inne und warf Bell ein paar Cent in den vor ihm aufgeklappten Geigenkasten, um umgehend weiterzueilen. Nach 43 Minuten, Bell hatte sein Geigenspiel an dem ungewöhnlichen Ort soeben beendet, waren mehr als tausend Passanten an ihm und seiner Musik vorbeigehastet. Nur ganz wenige hatten ihre Schritte verlangsamt und sind für einen kurzen Moment stehengeblieben. Im Geigenkasten befanden sich gerade mal 32,17 Dollar.

Ein mutiges, zur Nachdenklichkeit aufforderndes Experiment. Die Tür zum Paradies, zum Zaubergarten der Musik, steht offen, und nur ganz wenige nehmen die Einladung an. Mit routiniertem Tunnelblick und wenig aufnahmebereitem Gehör hasten sie durchs Leben und ihren Alltag, ignorieren und verpassen dabei das nahe liegende und ihnen nahe gekommene Schöne. Sie hören nichts, sie sehen nichts, sie fühlen nichts. „Wegen der Ungeduld", so der an dieser Ignoranz verzweifelnde Franz Kafka in seinem Tagebuch, „sind die Menschen aus dem Paradies vertrieben worden, wegen der Ungeduld kehren sie auch nicht zurück."

Eindrucksvoll hat der Stargeiger Bell mit seinem Experiment demonstriert: Kafka hatte Recht. Wer stets nur hastet und nicht auch innehält, hat keinen Blick für seine Um- und Mitwelt, überhört das Naheliegende, bekommt die Schönheiten dieser Welt nicht zu Gesicht und auch nicht zu Gehör.

Den Hauch der Dinge, den Atem derer, die einem nahestehen, den spüren nur die Zeitgenossen, die sich abwartend, zögernd und langsam Stück für Stück annähern, die geduldig zuhören, sich interessiert zuwenden und gelassen reagieren. Nur ein solches den Dingen und den Sinnen zugewandtes Zeitverhalten lässt Gerechtigkeit, Gewissenhaftigkeit und Verantwortungsbewusstsein, aber auch Schönheit und Genuss zur Entfaltung kommen.

Kein Zweifel, es wird zu schnell gelebt. Die Gischt der Beschleunigung durchnässt noch die am besten geschützten Stellen unserer Zeitzivilisation. Die weniger werdende Zahl derer, die sich Kinder leistet und sich dann auch noch Zeit für sie nimmt, muss mit Benachteiligungen im Berufsleben und bei der Karriere rechnen. Zeitnot, Hetze und Zeitdruck befriedigen den Zeitgeist. Sie sind der Ausdruck von Tatkräftigkeit, Vielbeschäftigtsein und Beliebtheit. Die in unserer Gesellschaft zu vergebenden Prämien bekommen die Hurtigen und die Eiligen, die Fixen und Gestressten. Sie werden bewundert und als Repräsentanten einer erfolgsverwöhnten Elite verehrt. Der eilige Geist der Zeiten bejubelt das Schnellsein in vielerlei Formen und Ausprägungen. Besonders hat es ihm das schnelle Geld angetan. „Die Welt wartet nicht auf uns", verkündet die Kanzlerin in ihrer Neujahrsansprache. „Die Zeit drängt, die Zukunft wartet nicht auf Langsame", lautet das aggressive Credo von Finanzinstituten. An den Sonnenstrahlen des ihnen zugeschriebenen Prädikats eines „Überfliegers" wärmen sich die, die auf schnurgeradem Weg mit dem schnellsten Fortbewegungsmittel ihre Ziele in möglichst kurzer Zeit erreichen. Was sie bei ihrem Parforceritt durch die vielfältigen Zeitlandschaften jedoch verpassen, was ihnen fremd bleibt, sind die wohltemperierten Oasen der Zeit, die kleinen Schauer des Zeitenglücks, die Zeitgärten des Wohlgeschmacks und die klangvollen Obertöne der Zeit. Sie allein sorgen dafür, dass man Zugang zu den blühenden Gärten paradiesischer Gelassenheit findet und in ihnen verweilen darf.

Das Buch, das Sie in Händen halten, ist eine Einladung zur Langsamkeit. Um sie annehmen zu können, müssen Sie die offen stehende Tür finden. Das gelingt Ihnen jedoch nur, wenn Sie langsam werden und Acht geben, von den Schnellen nicht abgedrängt, überrannt, überrumpelt oder zur Seite geschoben zu werden.

Als die Hast noch albern war

Es ist gerade einmal 200 Jahre her, dass der große französische Staatsmann Talleyrand einen Verhandlungspartner, der es eilig hatte, mit den Worten ausbremste: „Hast und Unruhe kennen wir nicht ... denn es ist albern." Hätte Talleyrand heute – ein ungewöhnlich langes Leben unterstellt –, wo es uns nicht schnell genug gehen kann, im politischen Geschäft noch etwas zu sagen, käme er zu kaum mehr etwas anderem, als sich unentwegt diese und ähnliche Albernheiten zu verbitten. Auch müsste er, was ganz und gar nicht seiner Art entsprach, recht laut werden, um Gehör zu finden. Würde er, was nicht allzu wahrscheinlich ist, wahrgenommen, dann könnte er mit Sicherheit nicht mit allzu großer Resonanz rechnen. Vorbei die Zeiten, in denen Oscar Wildes Diktum, die Eile gehöre zu den lächerlichsten aller Lächerlichkeiten, noch Wirkung erzielen würde.

Vom Aussterben bedroht ist auch der Gentleman, der – schlecht eingedeutscht – zum „Ehrenmann" gemacht wurde. Mit seinem Verschwinden hat sich nicht nur der ruhig-gelassene Blick auf die Dinge und auf das Geschehen verflüchtigt, sondern zugleich auch die Empfehlung in englischen Benimmbüchern: „A gentleman will walk but never run".

Etwas verwunderlich ist das schon, waren doch – die Schulbücher hüllen sich nicht ohne Grund darüber in Schweigen – in annähernd allen Hochkulturen die Geduld, die Gelassenheit, die Beharrlichkeit, vor allem aber auch die Langsamkeit prestigeträchtige Zeichen von Würde, Klugheit, Souveränität und Selbstachtung. Langsamkeit war, ganz anders als heute, häufiger Zeichen eines souveränen Umgangs mit Zeit als ein Indiz für die Unfähigkeit, schnell zu sein.

Nicht nur die Zeitgenossen Talleyrands hatten, wie wir aus Berichten wissen, ein akzeptierendes Verhältnis zur Langsamkeit. Auch die Gelehrten der Antike schätzten neben der *vita activa*, einer aktiven Daseinsgestaltung, das beschaulich, besinnliche Leben, das ihnen von den Göttern gemachte Geschenk der Muße. In der dem aktiven Leben ansehensmäßig gleichgestellten *vita contemplativa* – heute vom Schnee des Vergessens zugedeckt – sah man bis zum Beginn der Moderne eine nicht minder sinnvolle und attraktive Form der Daseinsgestaltung. Die Gelehrten im alten Griechenland haben viel und gründlich über Sinn und Gehalt der Muße nachgedacht, zumal diese für sie eine der elementaren Grundlagen des gesellschaftlichen/staatlichen Zusammenhaltes darstellte.

Für Aristoteles ist die Muße ein Garant für „Ruhe und Frieden", für das „Zusichkommen". In seinen eigenen Worten: „Ferner gilt, dass das Glück Muße voraussetzt. Denn wir arbeiten, um dann Muße zu haben, und führen Krieg, um dann in Frieden zu leben." So gesehen ist die Muße weit weg von Untätigkeit, von erzwungenem Nichtstun und auch nicht gleichbedeutend mit Passivität. Muße ist eine schöpferische und anregende Lebens- und eine kreative Zeitform. Zu ihr, das empfiehlt Aristoteles, soll der Mensch erzogen werden. Die menschliche Natur, so lässt sich von Aristoteles lernen, verlangt nicht nur, in der rechten Weise zu arbeiten, sie verlangt auch, die Muße würdig zu leben. Und das heißt konkret: „Lust, wahres Glück und seliges Leben in sich selbst zu tragen". Eine schöne Idee, ein attraktiver Gedanke. Muße ist nicht auf Zwecke ausgerichtet und zielt auch nicht auf Ergebnisse. Muße ist interesseloses Wohlgefallen, ein Zustand, in dem die Zeit einem zuflüstert, man hätte die Chance, sie sich zu einer Freundin zu machen.

Wo aber sind heute solche Zeitoasen, wo diese fruchtbaren Erfahrungen, in denen man sich selbst genug ist, wo das Erlebnis von Zeiten, die sich Fristen, Terminen und Deadlines verweigern? Wenn überhaupt noch erfahrbar, dann ist die Muße in jenen Randbezirk unseres Lebens abgedrängt, den wir, obgleich dies der Realität nicht selten widerspricht, „Ruhestand" nennen. Unsere faustische Ruhelosigkeit, ein nicht nachlassender Zeitdruck und die immerzu drängende Ungeduld hindern uns heute daran, die Muße, wie der Romantiker Schlegel es so schön formulierte, als den „letzten Rest von Gottähnlichkeit, die uns aus dem Paradies noch blieb", zu erkennen und zu genießen.

Gott der Muße ist Kairos. Als Personifikation des rechten, des günstigen Augenblicks und der Gunst der Stunde, als Gottheit unverhoffter Chancen und des Gespürs für den Moment haben ihn sich die Altgriechen vorgestellt. Verbildlicht haben sie ihn als ein göttliches Wesen von leichtfüßiger Gestalt, mit kahlem Hinterkopf und Stirnlocke, die es möglich macht, den schicksalhaften Moment, den günstigen Augenblick, die gute

Gelegenheit für zumindest kurze Zeit im Zeitstrom der Ereignisse festhalten zu können. Der rechte Augenblick ist nicht kalkulierbar. Er kommt dem Menschen wie das Schicksal als Chance entgegen.

Nicht nur die Muße, auch das Nichtstun in Würde, abzugrenzen vom Zustand der Unentschlossenheit und dem erzwungenen Nichtstun durch Krankheit und Unglück, zu unterscheiden aber auch von der gelassen distanzierten Betrachtung der Welt, die wir Kontemplation nennen, galt früher einmal als eine allseits anerkannte und geschätzte Form des Verhaltens. Sie wurden nicht, wie das heute der Fall ist, zu Untugenden erklärt und mit der Drückebergerei und dem Faulenzertum in eine enge Verbindung gebracht. Im Gegenteil, sie waren allseits anerkannte Zeitqualitäten und nicht selten waren sie auch ein sozial anerkanntes Verhalten. Geachtet und bewundert wurde im alten Athen eine asketische Form des Nichtstuns, wie sie der genügsame und wortkarge Diogenes von Sinope auf den öffentlichen Plätzen Athens vorlebte. Er verzichtete auf irdische Güter und war mit dem zufrieden, was er hatte, um ganz bei sich sein und bleiben zu können. Schenken wir der Legende Glauben, so wurde ein solch bedürfnisloses Leben auch von Alexander dem Großen nicht nur anerkannt, sondern sogar bewundert. Die Verweigerungshaltung des „Stadtstreichers" Diogenes war keine Unterlassungssünde, keine Faulheit, sondern eine bewusst inszenierte Distanz zu den menschengemachten Dingen und Ablenkungen der Welt und der Verzicht, diese zu manipulieren. Manche sehen in Diogenes heute den Urvater aller „Performance-Künstler", der den öffentlichen Raum für seine zivilisationskritischen Aktionen und Auftritte nutzte.

Der Daseinsform der Kontemplation, die, wie von der biblischen Schöpfungsgeschichte belegt, göttlichen Ursprungs war, hatte man einstmals den Wert und das Ansehen der Muße zuerkannt, einer Muße, in der Sokrates eine „Schwester der Freiheit" erkannte. Auch weil er wusste, dass wir nicht nur durch aktives Handeln klüger werden, sondern auch durchs Vergessen. Ideen, Einfälle, Erkenntnisse erwirbt man nicht nur, wenn man nach ihnen sucht, sie kommen auch, wenn man wartet, bis sie auf einen zukommen.

Bis in die mittelalterliche Philosophie und Theologie hinein hatte die kontemplative Lebensweise einen hohen, einen der Arbeit, der *vita activa*, zumindest gleichgestellten, häufig sogar übergeordneten Status. Selbst der strenge Thomas von Aquin gab ihr den Vorzug: „Es ist also zu sagen, dass das beschauliche Leben schlechthin besser ist als das tätige Leben. Es geht auf das Göttliche, das tätige dagegen nur auf das Menschliche und Notwendige." Die Vorrangstellung der *vita contemplativa* vor der *vita activa*, dem arbeitsamen Leben, hielt bis ins späte Mittelalter an. Erst zu Beginn der Renaissance und später dann durch den Protestantismus wandelten sich, als von Askese auf Arbeit umgestellt wurde, die Wertigkeiten von Arbeit und Muße. Nicht mehr der kontemplative Zugang zu Gott stand im Vordergrund, sondern das aktive, manipulative Zugehen auf die Natur und die Welt.

Vor allem in der Epoche der verschärften Moderne, dem auf Beschleunigung setzenden Zeitalter der Industrie, verliert sich die positive Wertschätzung eines beschaulichen Daseins. Das bekam auch der bayerische Kurfürst Karl Theodor zu spüren, der 1789 die Anlage des Englischen Gartens dekretierte. Die einflussreichen Bürger Münchens leisteten Widerstand und protestierten gegen das großzügige Geschenk durch den Hinweis, es befördere den öffentlichen Müßiggang.

Mit der Beschleunigung und der immer effektiver genutzten, in Geld verrechneten Zeit sind die Mußezeiten abhandengekommen. In einer Arbeit und aktives Tun verherrlichenden Gesellschaft, die der Regel gehorcht: „Lieber zweimal das Gleiche tun, als einmal gar nichts", wird aus Muße verachteter Müßiggang. In der digitalisierten Welt, wo man Erklärungen zum Begriff „Muße" nur noch in verstaubten Lexika findet, glaubt man sie durch die ungleich trivialere und weniger inspirative „Entschleunigung" ersetzen zu können. Muße und digitale Gesellschaft passen nicht mehr zusammen. Das Bedürfnis des digitalisierten Zeitgenossen nach Mußezeiten ist nicht größer als das von Schildkröten nach Eile und Hektik.

In Gesellschaften und Kulturen, die durch buddhistische Lebens- und Wertemuster geprägt sind, gelten Mußezeiten als Bedingungen einer vollkommenen, glücklichen, zufriedenstellenden und zufrieden machenden Existenz. Das war auch bei den Griechen der Antike, und mit Einschränkungen auch bei den Römern, ähnlich. Wie Pausen in der Musik haben die Muße, Beschaulichkeit und auch das Nichtstun in diesen Gesellschaften eine den irdischen Lebensvollzug rhythmisierende, stabilisierende Rolle. Heute jedoch setzen die globalisierten Anstrengugen zur Modernisierung die Reste der existierenden Zeitmuster des Kultes und der sozialen Zeiten unter Beschleunigungsdruck. Obgleich auch heute wie früher jeder Tag 24 Stunden, 1440 Minuten und 86.400 Sekunden hat. In dieser Zeit kann man viel machen, vieles aber auch sein lassen. Trotzdem ist Nichtstun in unseren Tagen eine Art Unterlassungssünde, die es schwer macht, sich ohne schlechtes Gewissen auf einer Parkbank niederzulassen und die Gedanken richtungs-, ziel- und zwecklos schweifen zu lassen und der Zeit zuzusehen, wie sie vergeht und neu nachkommt.

Wie wir gehetzt und schnell wurden

Mit dem Beginn der „Neuzeit" genannten Epoche, traditionell durch die Entdeckung Amerikas und die zum Teil dramatischen Ereignisse der Kirchenspaltung markiert, verändert sich der Blick auf die Welt und mit diesem auch die Sicht auf Raum und Zeit. Es kommt zu einer Aufwertung der Arbeit, der *vita activa* und in diesem Zusammenhang dann zu einer Neubewertung kontemplativer Zeiten und der von Muße als Garantin eines ausgeglichenen, stressfreien und glücklichen Daseins. Im 17. Jahrhundert vollzog sich in Europa ein fundamentaler Bedeutungswandel des Zeitbewusstseins und des Zeithandelns. In diesem Zusammenhang änderten sich auch die Wertigkeiten von Mußeerfahrungen. Deren Attraktivität, ihre positive Ausstrahlung verblassten in dem Augenblick, als Glocken und Sirenen zum Alltags-Gottesdienst mit dem Namen „Arbeit" riefen. Das Historische Wörterbuch der Philosophie spricht von einem „Verlust" der *vita contemplativa* mit fortschreitender Modernisierung und Goethe klagt, „dass diese Welt für die Ruhigen und die Müßigen keinen Platz mehr hat".

Als schließlich die Vorstellung, die Arbeit sei eine Ressource für Zufriedenheit und Lebenssinn an Einfluss gewann, wurde der Aktivitäts-Pfad zu einer mehrspurigen Schnellstraße ausgebaut, während man den Weg der Beschaulichkeit zu einem unattraktiven Grünstreifen zwischen den Fahrspuren der Hochgeschwindigkeit verkümmern ließ.

Missbilligt, nicht selten auch diffamiert, wird das Verhalten jener Gesellschaftsmitglieder, die sich, was ihren Fleiß und ihren Arbeitseifer betraf, zurückhielten. Der fleißige Mensch wurde erfunden – eine historisch gesehen relativ späte zivilisatorische Errungenschaft. Den nicht fleißigen Menschen gab es bereits erheblich früher, wahrscheinlich seit Beginn der Menschheitsgeschichte.

Die mechanische Uhr, die schon bald nach ihrer Erfindung gegen Ende des Mittelalters eine überaus rasche Verbreitung erlebte, änderte das Zeitverständnis, die Zeitwahrnehmung und das Zeithandeln, kurzum: das Zeitleben, in einer radikalen Art und Weise. Eine bis dahin unbekannte, abstrakte, von Erfahrungen, Erlebnissen und Naturdynamiken völlig unabhängige, aufs Quantitative reduzierte Zeit trat an die Stelle naturnaher Zeitqualitäten und Zeitsignalen und prägte mehr und mehr die Zeitpraktiken des Alltagshandelns. Erstmalig in der Geschichte wurden die „Zeit" und der Umgang mit ihr zu einem öffentlich diskutierten Thema. Zum ersten Mal auch stellte und hörte man die Frage: „Wie viel Uhr ist es?" Und diejenigen, die Antwort bekamen, stellten umgehend die Folgefrage: Was tun mit der Zeit? Das beantworteten ihnen dann jene mächtigen und einflussreichen Personen, die für die Verbreitung der mechanischen Uhren sorgten und die Zeiger stellten. Die Zeit der Uhr, die Uhrzeit, wurde zum Mittel der Herrschaft über die Untergebenen. Ihre rationale Einteilung und ihr taktförmiges Funktionieren wurden von den Herrschenden zum Vorbild und zum Gleichnis einer idealen Ordnung erklärt, nach der sich das individuelle und das soziale Handeln auszurichten hatten. Zeiger und Glocken temporalisieren die Zeit, machen das Vergehen der Zeit erfahrbar und hörbar und mahnen die Zeitgenossen, auf sie zu achten. Zeitgenuss war kein Thema und schon gar kein Programm. Zeitverschwendung, ein bis zur Erfindung der mechanischen Uhr unbekannter Umgang mit Zeit, wurde verboten und wie der Müßiggang zu einer „schlechten", einer im moralischen Sinne verachtenswürdigen Zeitpraxis erklärt – obgleich sie einem eine Menge Hetze und Eile ersparen können.

Diese Landnahme der Zeit durch die Uhr mit der Parole: „Man darf überall nie müßiggehen, sondern soll beständig tätig sein", lieferte schließlich die sozial-moralischen Grundlagen für die Nonstop-Arbeitsgesellschaft, in der wir heute leben. Die gegenwärtige Welt ist eine gehetzte, eine schnelle und eine eilige Welt. In ihr ist, was fix vonstatten geht, gut, was langsam vorangeht, schlecht. Mit Karriere, Geld- und Güterwohlstand belohnt werden die Schnellen und die Raschen, die Ungeduldigen und die Drängler, die Vorlauten und die Aufschneider. Prämiert und gefördert die „Überflieger". Dort, wo die Chance besteht, dem Alltag noch mehr Tempo zu geben, wird es auch mittels Beschleunigung und Zeitverdichtung umgehend getan. Die dem Kapitalismus wie ein Wasserzeichen eingeschriebenen Dynamiken des Wachstums und der Beschleunigung und die Praxis, möglichst alle Probleme durch Expansion zu lösen, legitimieren den Kampf gegen alles Ruhige, Langsame, Geduldige, Besinnliche und Genügsame.

Die inzwischen verschärft modernisierte Welt bietet ihren Bewohnern, zumindest denen der wohlhabenden Nationen, nur noch ein einziges zeitliches Verhaltensmodell an, das der „Eile". Das wirft die Frage auf, ob der Mensch für die Welt, die er geschaffen hat, auch wirklich geschaffen ist. War es wirklich das Ziel, in einer Zeitkultur anzukommen und zu leben, in der es den Langsamen, den Älteren, den Fußkranken und denen, die beim Gehen auf Krücken und Rollatoren angewiesen sind, beim Überqueren einer Straße den Angstschweiß auf die Stirn treibt, weil, kaum in der Mitte der Straße angelangt, die Fußgängerampel bereits auf „Rot" springt?

Doch die Menschen sind zuweilen auch durchaus zu Recht stolz auf jenen Fortschritt, der sich vom bürgerlichen Fort-„Schreiten" zum permanenten Fort-„Rennen" beschleunigt hat. Sie feiern das Tempo, bejubeln ihre Rekorde und belohnen die Fixen und Schnellen. Sie verachten die Zögerlichen, die Abwartenden, die Langsamen und häufig auch die Ruhigen. Sie bewundern die Geduldigen, die Zurückhaltenden und die Nachdenklichen und machen sich doch auch über sie lustig.

Das ist der Preis, den wir zu zahlen verdammt, aber zugleich auch zu zahlen bereit sind, seit wir die Zeit an der Uhr ablesen und das Zeit-ist-Geld-„Spiel" sowie das „Höher-weiter-schneller"-Prinzip für annähernd alle Lebensbereiche verbindlich machen. Obgleich wir wissen und täglich erleben, dass in einer immer schneller werdenden Welt das Risiko steigt, Gleichgewicht, Orientierung und Lebensfreude zu verlieren.

Verschwunden ist dabei die Erfahrung lebendiger Zeitvielfalt, einer Vielfalt von Zeiten, die den nicht beschleunigbaren Zeitqualitäten den gleichen Wert zugesteht wie den beschleunigbaren. Die Uhr, ihre Zeit und ihr Takt ignorieren die in dieser Welt vorfindbare bunte, lebendige Zeitvielfalt. Die Uhr ist der Tod der Zeiten und ihrer bunten Vielfalt. Sie schrumpft die Zeit zu einer grauen, eintönigen Standardzeit ein und lässt nur mehr zähl- und messbare Zeit übrig, die ihr Maß durch den in Geld definierten Tauschwert erlangt. Zeit wird nicht mehr am eigenen Leib erfahren, sondern durch den Blick auf das mechanische Räderwerk „Uhr". Und die Opfer, die der überall herrschende Tempowahn, der sich mit dem Prädikat „fortschrittlich" schmückt, als Schleppe hinter sich herzieht, werden dann gerne in der großen Schublade „Ökologische Probleme" abgelegt.

Längst haben sich Wachstum und Beschleunigung zu ziellosen Selbstläufern entwickelt. Die bis in die feinsten Poren des Alltags gelangende Zeit-ist-Geld-Mentalität hat die Geduld, die Ruhe und die Langsamkeit in die Flucht geschlagen. Einem scheuen Tier gleich verkriechen sie sich ins Unterholz unzugänglicher Regionen und lassen sich nur mehr dann blicken, wenn sie mit einem attraktiven Marktwert winken können.

Vorbei die Zeiten, als Kinder, denen es nicht fix genug ging, von ihren Eltern die weise Mahnung zu hören bekamen: „Eile mit der Weile." Und das hieß immer auch, sie mit Sorgfalt und Gründlichkeit zu kombinieren. Vergangen auch jene Zeiten, in denen Schnelligkeit, Eile und Hast der Ruf einer Dienstbotentugend vorauseilte. Diese sind nicht etwa deshalb vorüber, weil Dienstboten heutzutage kaum mehr zu bekommen sind, sondern weil wir heute längst alle zu Dienstboten geworden sind, Dienstboten unserer fixen Geräte und Instrumente. Dabei sind wir zu einem Volk von Rasern, Hyperaktiven und Geschwindigkeitsübertretern geworden. Die Eile, die Unruhe, die Hast und das Gerenne sind heute demokratisiert und haben die Gesellschaft demokratisiert. Wir sind ein Volk von Dienstboten, Domestiken und (Be-) Dienern einer täglich größer werdenden Armada von Kleingeräten, die ihre Nutzer ruhelos und ohne Pause durch den Alltag schubsen. Ihre Knöpfe, ihre Tasten und Schalter warten rund um die Uhr darauf, von ihren „Herren" bedient zu werden. Wird ihnen das zu lang, melden sie sich und verlangen von ihnen, dass sie sich schleunigst um sie kümmern.

Man kann mit diesen zu „Zaubergeräten" verschönten Prothesen annähernd alles machen, einzig verlangsamen lassen sie sich nicht und manchmal auch nicht einfach abstellen. So steigt der Zeitstress unentwegt und der Druck zu Entscheidungen gleich mit. Er wächst und wächst, wird umfangreicher und umfassender zugleich, bis Naivität und Leichtgläubigkeit schließlich zur Einsicht zwingen, dass das, was man besitzt, auch einen selbst besitzt.

Die Welt – ein Tempodrom

Bei allen Vorteilen, die uns die großartige Erfindung des Rades 4000 Jahre vor Beginn unserer Zeitrechnung bis heute beschert hat, sollte man nicht ganz vergessen, dass die dem Menschen von der Evolution mitgegebene Mobilitätshilfe, die wir „Beine" nennen, bereits erheblich länger existiert. Doch irgendwie scheint das immer häufiger in Vergessenheit zu geraten. Wer in unseren Tagen das Risiko minimieren will, sein Leben eventuell am Rande der Gesellschaft zubringen zu müssen, kommt nicht umhin, sich selbst, dem Leben und den Dingen mehr Tempo zu verleihen, als die Beine hergeben.

Dass der Mensch in der Lage ist, beschleunigen zu können, dass er, wenn er will, schneller sein kann, als die Natur das eigentlich vorgesehen hatte, dass er Gas geben und aufs Tempo drücken kann, ist freilich nicht nur ein Fluch, sondern auch ein nicht zu unterschätzender Segen. Ein Fluch aber ist es, dass er nicht nur schnell, sondern auch *zu schnell* sein kann, dass er fähig ist, *zu viel* Gas zu geben und ein *überhöhtes* Tempo einzuschlagen. Das ist schließlich auch der Grund, warum sich die Deutsche Verkehrswacht und der Arbeitsschutz regelmäßig zu Warnhinweisen aufgefordert sehen, Grenzen und Möglichkeiten der Geschwindigkeit nicht allzu leichtfertig auszutesten. In dem am Rande von Schnellstraßen plakatierten und auf den Informationsboards des betrieblichen Werkschutzes lesbaren Hinweis: „Nimm Dir Zeit und nicht das Leben" verbirgt sich die bedenkenswerte Botschaft, dass Schnelligkeit, Eile und Hetze höchst gefährlich werden, wenn sie mit Übereilung, Bedenken- und Maßlosigkeit einhergehen. Wirkung und Konsequenz solcherart Mahnungen aber sind gering. Wie wenig ernst sie genommen werden, zeigt nicht zuletzt die Gleichgültigkeit, mit der Jahr für Jahr die Opferzahlen im Straßenverkehr zur Kenntnis genommen werden. Addiert man die Zahlen der Toten vom Anfang der Motorisierung bis heute, übersteigt die Summe der Verkehrstoten inzwischen die der Kriegstoten des Zweiten Weltkriegs. Nicht einmal ein solch rechnerischer Vergleich hält den Gesetzgeber davon ab, weiterhin aufs Gas zu drücken und ein „Verkehrswegebeschleunigungsgesetz" – ein Wort so lang wie die Autobahn – auf den Schnellweg zu bringen. Da bleibt dann in einem Land, in dem jede Abgeschiedenheit einen nahen Autobahnanschluss vorweisen kann, nur mehr der tröstende Hinweis des Münchner Volksphilosophen Karl Valentin, dass die Autobahn glücklicherweise nicht so breit wie lang ist – noch nicht! So haben wir uns denn an einen Alltag gewöhnt, in dem wir, wenn's gut geht, stets haarscharf am Unfall vorbeileben. Annähernd viertausend Zeitgenossen und Zeitgenossinnen schaffen das jährlich in unserem Land nicht. Die Raserideologie – sie verschafft sich mit dem Slogan „Freie Fahrt für freie Bürger" Gehör – führt nicht, wie gerne unterstellt, zu einem Mehr an Freiheiten, sondern zu seinem Gegenteil, zu mehr Zwängen und zunehmenden Unfreiheiten. Der Zustand einer Gesellschaft lässt sich an ihrem Umgang mit Zeit und dem Zeitlichen feststellen. Wenn alles rennt, auch diejenigen, die es gar nicht wollen, und dabei gezwungenermaßen an allem Schönen und Lebenswerten vorbeihetzt, stimmt etwas nicht.

Symptomatisch für die Gedanken- und Bedenkenlosigkeit, mit der das Langsame und die Langsamen in unserer Gesellschaft. abgedrängt und ausgrenzt werden, sind die Hinweise des Verkehrsfunks. Gewarnt wird dort häufig vor langsam fahrenden Kraftfahrzeugen. Keine Meldung wert hingegen sind Autofahrer, die zu schnell unterwegs sind, kein Alarm bei Rasern, die Tempolimits ignorieren, obgleich von diesen doch eine ungleich größere Gefahr ausgeht als von langsam fahrenden Verkehrsteilnehmern. Vielsagend für unseren Umgang mit Zeit ist auch die Umbenennung der ersten, vom Bayerischen Rundfunk 1955 ausgestrahlten Autofahrer-Sendung. Sie startete mit dem appellativen Titel: „Nimm's Gas weg!" Kurze Zeit später wechselte ihren Titel in „Gute Fahrt". Auch die im Bayerischen Rundfunk hin und wieder zu hörenden Hinweise, auf Wallfahrer aufzupassen, die sich Richtung Altötting fortbewegen, sind nur in einer Gesellschaft möglich, die die Langsamen, solange sie ihnen überhaupt noch eine Chance gibt, nur mehr am Straßenrand toleriert. Anlass zur Verwunderung ist nicht die Tatsache, dass derartige Warnungen überhaupt gesendet werden, befremdlich ist die Selbstverständlichkeit, mit der dies getan wird. Eine kleine Erinnerung: Der Mensch wird nicht als Autofahrer und auch nicht mit Rädern an seinen Füßen geboren, er kommt als Fußgänger auf die Welt. Dieser geborene Fußgänger ist, so scheint es, in neuerer Zeit zu einem Störelement, einer

Art Systemdefekt geworden, vor dem es zu warnen gilt. Eine noch höhere Position auf der nach oben offenen Zynismusskala nehmen die an Fußgängerübergängen im Umfeld von Friedhöfen aufgestellten Warnschilder mit der Auskunft: „Vorsicht Senioren!" ein. So zynisch, wie sie sind, so notwendig sind sie leider auch. Die Süddeutsche Zeitung, die sich in diesem Fall auf eine Polizeistatistik beruft, zeigt sich nämlich „besorgt über die große Zahl von Unfällen, an denen Fußgänger beteiligt sind." Sie meldet für das Jahr ihres Berichtes 16 Tote und 716 zum Teil schwer verletze Fußgänger allein für die bayerische Landeshauptstadt München. Hilflos-zynische Reaktion der Polizei ist die Bitte an die Fußgänger „um ein verkehrsgerechtes Verhalten". Das heißt konkret: „Beeilt Euch gefälligst, wenn Ihr die Straße überquert!"

Die Missionare der „Schneller ist besser"-Religion irren sich jedoch. Das gute Leben ist nicht das Ergebnis eines möglichst hohen Tempos. Das lehrt uns das Märchen vom Hasen und den Igeln, und das bringt uns auch die Überlieferung vom tragischen Schicksal des sich zu Tode hetzenden Boten bei, der den Athenern die Nachricht von ihrem Sieg in der Schlacht von Marathon überbrachte. Die Schnellen, das ist die eindringliche

Botschaft des Märchens und der Legende, sind nicht schneller am Ziel, sondern rascher am Ende. „Langsam, aber sicher!" heißt die Lehre. Und eine zweite lautet: Geht's um Zeit, ist es allemal besser, ein Igel als ein Hase zu sein. Denn es ist nun mal so: Diejenigen, die sich ihrem Ende langsam nähern, leben länger als die Eiligen. Wer zu schnell ist, den bestraft das Leben, denn – so steht's nicht ohne subtilen Doppelsinn auf den Plakaten an den Schnellstraßen: „Rasen ist der schnellste Weg, ins Gras zu beißen."

Dass sich Schnelligkeit nicht auszahlt, ahnt noch der gestressteste Manager. Während er sein Essen in Rekordzeit verschlingt und mit einem Auge auf die Uhr und mit dem anderen auf das Display seines Smartphones blickt, überkommt ihn die Angst vor dem Tempokollaps, dem Herzinfarkt und einem zu frühen Tod. Das schlechte Gewissen gegenüber Frau und Kindern verführen ihn regelmäßig zu illusionärem Selbstbetrug und zu unrealistischen Versprechen. In absehbarer Zeit, wenn es denn die Geschäfte erlauben, wird endlich einmal richtig Urlaub gemacht, wird dem süßen Nichtstun gefrönt und der schon lange ersehnte Weinberg gekauft. Die Geschäfte aber erlauben keine Pause, verbieten jede längere Arbeitsunterbrechung und gestatten es auch nicht, langsamer zu machen. Im Geschäftsleben ist man immer mit eingeschaltetem Blaulicht unterwegs. Die Langsamkeit hat dort so wenig Platz wie die Geduld. Kurzum: Wo's schnell zugeht, ist Nichtstun wollen leicht, erheblich schwerer fällt es, wirklich nichts zu tun.

Zu den auffälligsten Verrücktheiten unseres eiligen Alltags gehört, dass die meisten, meist männlichen Zeitgenossen, es in jenen Augenblicken eilig haben, in denen sie sich hinter das Steuer eines Kraftfahrzeuges setzen. In solchen Momenten heißt es „Auf und davon" und „Goodbye limits". Und los geht's mit der Raserei. Nicht nur auf den Straßen, auch mit dem, was sonst noch im Alltag zu tun ist – schnell, schneller, und wenn's geht, noch ein wenig schneller. Hat man erst mal mit dem Tempomachen angefangen, kommt man, als hätte man einen Kaugummi am Schuh kleben, vom Gaspedal nicht mehr herunter und tritt über kurz oder lang nur mehr durchs Autofenster mit seiner Um- und Mitwelt in Kontakt. Mit der Alltagshetze steigen Ungeduld, Unruhe, nervöse Erregung und Gereiztheiten. Das passiert besonders häufig, wenn das Gefühl auftaucht, nicht schnell genug informiert, zu langsam bedient zu werden und zu lange auf eine Antwort oder erwartete Reaktion warten zu müssen. In solchen Situationen macht man auf den zu langsam sprechenden Gesprächspartner Druck und vervollständigt dessen Sätze rasch gleich selber. Nicht viel anders ergeht es denen, die sich in Lokalen fürs Essen Zeit nehmen und Zeit lassen. Sie müssen mit vorwurfsvollen Blicken des Bedienungspersonals rechnen, die auffordern, gefälligst einen Gang höher zu schalten und den Platz möglichst rasch für den nächsten Gast frei zu machen. Damit aber nicht genug. Ertragen muss man in immer kürzer werdenden Abständen und in zunehmend unfreundlicherem Ton, von der Bedienung gefragt zu werden, ob es denn wirklich auch geschmeckt hat. Nicht viel anders erhöhen ungeduldige Eltern den Zeitdruck auf ihre Kinder, wenn die sich mit dem Lernen wieder mal etwas schwerer tun und das eine oder andere langsamer verstehen, als diese es erwarten. Kurzum, die Welt ist dabei, sich in ein Tempodrom zu verwandeln, das stetig um sich selbst rotiert: „Die Geschwindigkeit ruft die Leere hervor, die Leere treibt zur Eile ..." (Paul Virilio).

Dies findet seine Bestätigung in wissenschaftlichen Untersuchungen der Universität Toronto. Die kanadischen Wissenschaftler machten die erstaunliche Feststellung, dass ein Großteil der kanadischen Bevölkerung inzwischen so umfassend auf Beschleunigung hin konditioniert ist, dass die Präsenz eines Fast-Food-Logos bereits ausreicht, um die Lesegeschwindigkeit von Texten bei Versuchspersonen zu erhöhen. Ungeduld und Schnelligkeit sind ähnlich ansteckend wie Corona und Scharlach. Sie führen zu einer Art Knopfdruckmentalität, die der Autor Peter Glaser „Sofortness" nennt.

Unsere kleinen Fluchten – Reisen statt rasen

Auch wenn die Eiligen schneller am Ziel sind, so kommen sie doch nicht immer am richtigen an, nicht an dem, wo sie ursprünglich vorhatten, anzukommen. Das bekamen auch drei Eilige zu spüren, die, zeitlich knapp dran, am Stuttgarter Hauptbahnhof den Zug nach Karlsruhe erwischen wollten. Der Fahrdienstleiter hatte den Zug zur Abfahrt bereits freigegeben, als die drei mit ihren Koffern herbeieilten. Ein hilfreicher Bahnbediensteter greift sich das Gepäck der Männer, wirft es mit gekonntem Schwung in den anfahrenden Zug, packt zwei der Atemlosen und schiebt sie durch die letzte noch offene Zugtür. Beim dritten entschuldigt er sich mit den Worten: „Schade, bei Ihnen hat es mir nicht mehr gereicht." Die irritierte Reaktion des Zurückgebliebenen: „Eigentlich wollte bloß ich verreisen, die andern haben mich nur zum Bahnhof gebracht."

Dies ist eine Erfahrung, mit der man heutzutage überall rechnen muss, nicht nur am Bahnhof. Die Mehrzahl derer, die sich entschieden haben, bei dem von der Politik und der Werbung angepriesenen Trip in eine rasend schnelle Zukunft mit Highspeed-Internet mitzukommen, müssen sich sputen, den Zug der Zeit nicht zu verpassen, und stehen dann schließlich doch über kurz oder lang verlassen und verloren am Bahnsteig in Richtung Morgen herum. Während diejenigen, die dorthin gar nicht fahren möchten, in den abfahrbereiten Zug zu ihrem „Glück", das ihres gar nicht ist, geschubst werden.

Kein Wunder, dass da manch ein vom Tempo des rundum modernisierten Lebens zur Eile getriebener Zeitgenosse die Flucht ergreift, eine „Flucht auf Zeit". Angebote dafür gibt's in Hülle und Fülle. Sie reichen vom durchorganisierten dreitägigen Wellness-Wochenende über den siebentägigen Meditationstrip in die Wüste bis hin zum zweiwöchigen Klosteraufenthalt zur Selbstfindung. Längst sucht man die Restsüße der Ruhe, der Beschaulichkeit und der Besinnung nicht mehr im Alltag, man sucht sie im Kurzurlaub, wo man dann auf diejenigen trifft, die nicht nur die gleiche Sehnsucht, sondern auch die gleiche Pauschalreise mit den gleichen „Geheimtipps" gebucht haben wie man selbst.

Vergebens. Weder die sandig-trockenen Gegenwelten der Wüste noch die spirituellen Rückzugsorte hinter den Klostermauern und schon gar nicht die warm-feuchten Areale der aufdringlichen Wellnessparadiese weisen einen Weg aus dem Tempodrom heraus. Im Gegenteil, die ungestillten Sehnsüchte nach dem anderen, die kleinen, durchorganisierten Ausstiege aus dem gehetzten Alltag sind willkommene, nützliche Begleiter der Raserei. Sie sind der Energielieferant fürs hohe Tempo. Sie begleiten es und sorgen für dessen weitere Steigerung. Die kleinen Fluchten raus aus dem Tempodrom sind unverzichtbare Ritualhandlung des Tempodroms. Sie gehören zur Hochgeschwindigkeitsgesellschaft wie der Stau zur Ferienreise und das Medikamentendoping zur Überarbeitung. Geduld, Ruhe und die Langsamkeit sind derweil zu einer Angelegenheit des Artenschutzes geworden. Sie stehen inzwischen auf der Liste der gefährdeten Zeitqualitäten. Nur mehr das Papier, auf dem Sie das alles hier lesen, ist noch geduldig.

Beherrscht werden die Welt und die Zeiten des Alltags vom olympischen Geist des „Höher, weiter, schneller". „Freie Fahrt für freie Bürger!" lautet die Parole, die die Raserei zu einem Freiheitsrecht erklärt. Zugleich verschleiert sie den Zwang zur Dauermobilität und biegt ihn zu einer Pflicht zum permanenten Unterwegssein, zur Heimatlosigkeit um. Der Zeitgeist, von Goethe als „Geist der Herren" identifiziert, fordert und verlangt pausenlose, kürzere, straffere und flottere Initiativen der Aktivität, immer rascher wechselnde Eindrücke und verdichtetere Sensationen mit immer grelleren und hektischeren Kicks. Vom freien Menschenglück ist der moderne Mensch so weit entfernt, „wie das dumpfe Dasein einer Made vom Hochzeitsflug der Falter oder Schmetterlinge" (Peter Rühmkorf). Die Folgen sind bekannt: Je höher das Tempo, je schneller die Dinge auf einen zukommen, je ungeduldiger sie genutzt, konsumiert und verschlungen werden, umso mehr und umso eher verliert man den Kontakt zu sich selbst, zur sozialen Mitwelt und zur natürlichen Umwelt. Die mit der Steigerung des Tempos einhergehenden Befreiungsverheißungen werden in der Zukunft genauso wenig eingelöst, wie dies in der Vergangenheit der Fall war. Wer rastet, rostet und verpasst über kurz oder lang – eher wohl über kurz – den Anschluss. Wer sich beim Run auf die technischen Novitäten dem Geschubse entzieht, wer auf die jeweils neueste Generation von Smartphones, Tablet-Computer und Navigationsgeräten verzichtet, hat sich ganz weit hinten anzustellen, muss zurück auf „Los".

„And now for something completely different" (Monthy Python): Die Ankündigung einer Rast ging einstmals mit dem Versprechen einher, ruhig werden, sich für einen Augenblick ausruhen, niederlassen, es sich bequem machen und sich stärken zu können. Vergangene Zeiten. Das ist schon lange nicht mehr so. Gerastet wird zwar immer noch, meistens jedoch nur ausgerastet. Die Rast ist heute ein ungewollter, mehr oder weniger erzwungener Zwischenstopp. Auf den Rastplätzen der Autobahn ist das nicht anders als beim ärztlich verordneten Power-Wellness-Wochenende zwecks Burn-out-Prophylaxe. Dem zwischen Übereilung und Versäumnis dahinhetzenden Lifestyle-Publikum mit überfüllten Terminkalendern und überzogenen Karriereansprüchen ist die Rast nur mehr ein notwendiges Übel. Stopps werden nur eingelegt, um zu telefonieren und danach gleich auf die Überholspur zu wechseln, um noch mehr Gas zu geben, damit man die versäumte Zeit wieder einholt. Sollte der eine oder die andere mal auf die Idee kommen, eine längere Rast zu planen, um sich die Gegend in aller Muße aus der Nähe anzusehen oder sich um die unruhig gewordenen eigenen Kinder zu kümmern, wird der Plan meist rasch wieder aufgeben.

Von den Zeiten, als es der Mensch erstmalig mit dem aufrechten Gang versuchte, bis zum Beginn des Industriezeitalters im 18./19. Jahrhundert hat sich das menschliche Tempo der Fortbewegung nur geringfügig beschleunigt. Die Geschwindigkeit des Pferdes, die der eigenen zwei Beine sowie der Wind entschieden über das Tempo des Weiterkommens. Noch vor 200 Jahren war das Pferd das Transportmittel Nummer eins. Mit Pferdestärken und dem Einsatz von Sporen und Peitsche gelang es bis dahin, den Waren- und Personentransport in eng begrenztem Umfang zu beschleunigen. Nachdem die Industriealisierung dann Fahrt aufgenommen hatte, erlebte Europa mit der auf die Schiene gesetzten Dampfmaschine einen revolutionären Beschleunigungsschub im Transport- und Beförderungswesen. Sucht man nach einem Schlagwort dafür, so findet man es im „Wettlauf gegen die Zeit". Zu den Zeiten, als Lord Chesterfield seinem Sohn die Parole „Geschwindigkeit ist die Seele des Geschäfts" einbleute, erfanden seine Landsleute Pferderennen und den Leistungssport, den sie „matches against time" nannten. Ging es bei Wettkämpfen bis zu diesem

Zeitpunkt ausschließlich um den Sieg über Gegner, so schaut man beim Leistungssport auf die Uhr, um den Sieger durch Zeitmessung zu ermitteln. Die Griechen, die von Uhren bekanntlich noch keine Ahnung hatten, schauten auf die Läufer, nicht auf die Zeiger, um ihre Olympiasieger zu ermitteln.

Das Tempo hat sich in kürzester Zeit vervielfacht. Von der Pferdeschnellpost über die Eisenbahn, das Auto und das Flugzeug hat es bis zur Rakete Fahrt aufgenommen. So wurde, was wir seit 250 Jahren „Fortschritt" nennen, vor allem ein Fortschreiten der Beschleunigung. Mit dem „Naturprodukt" Pferd verabschiedete sich zugleich auch der biologische Rhythmus, zu dem auch das „Ausruhen" gehört, aus dem Transportwesen. Eine Dramatik, die das Dasein heute bis an seine Grenzen belastet. Und das Reisen durch den Transport ersetzte.

Reisende fahren, um etwas, das sie noch nicht kennen, zu erfahren. Reisen heißt, Erlebnisse suchen, um daraus Erfahrungen zu machen. Die Reise ist die Mutter der Erfahrung. Doch ohne Zeiterfahrungen der Langsamkeit, der Geduld, des Wartens und Abwartens und ohne Umwege bleibt die Mutter der Erfahrung ohne Kinder. Reisende öffnen sich der Welt, nehmen sie unvoreingenommen, interessiert und neugierig wahr. Das geht weder schnell noch hurtig. Anders hingegen der Transport. Der zum Transportgut gemachte Mensch durchquert die Welt und die Landschaft mit dem Interesse, sie so schnell wie nur möglich hinter sich zu bringen. Die Zeit, die der Transportierte dafür benötigt, ist für ihn grundsätzlich „verlorene" Zeit. Deshalb gibt er, hat er die Wahl, immer dem Verkehrsmittel mit der höchsten Geschwindigkeit den Vorzug. Während der Reisende die kleinen Zeitwelten des „Dazwischen" sucht und genießt und dort sein kleines Zeitglück findet, werden diese vom transportierten Passagier gemieden. Im Reisen, so der Romantiker Friedrich Schlegel, wohnt die „Sehnsucht nach dem Unendlichen". Reisende schaffen sich ihre eigene Wirklichkeit auf Zeit. Anders hingegen Transportierte, für die eine jede Reise immer nur eine Durchreise ist, bei der, einer Sendepause im Fernsehen vergleichbar, jeder Stopp, jeder Halt eine Störung ist. Nichts hält die Um- und die soziale Mitwelt so erfolgreich auf Distanz zu sich selbst wie schnelles Tempo. Nichts macht so einsam, so verloren wie hohe Geschwindigkeit. Und so unterwerfen sich die Transportierten – mal mehr, mal weniger freiwillig – dem Zwang eines starren Fahrplans, mit der Konsequenz, nach den Regeln des Gütertransports befördert zu werden. Das schnelle Leben straft mit Einfalls- und Erfahrungslosigkeit, mit Langeweile und Fantasielosigkeit. Hohes Tempo verweigert den Bodenkontakt. Der Transportierte weiß nicht, wo er ist, und weiß auch nicht, was ihm unterwegs alles entgeht. Schallschluckwände, Sichtschutzanlagen und Tunneldurchfahrten verweigern ihm die Orientierung durch den Blick aus dem Fenster in die Landschaft. Lautsprecherdurchsagen müssen übernehmen, was den eigenen Sinnen zu leisten verwehrt wird. Während Reisende von Ort zu Ort, von Erfahrung zu Erfahrung, von Erlebnis zu Erlebnis gelangen, steigen Transportierte ein, sitzen herum, starren auf Displays und steigen wieder aus. Die Zeit bleibt dabei auf der Strecke und mit ihr auch das Leben. Im Alpenvorland hat man noch ein Bewusstsein von diesem Verlust, weil man weiß: „Des wenigste darennt ma und des meiste dahockt ma!"

Alles braucht seine Zeit

Schneller machen kann man vieles und vieles machen wir auch schneller. Anderes würden wir gerne beschleunigen, scheitern jedoch, weil es sich überhaupt nicht oder nur geringfügig beschleunigen lässt. Das trifft zum Beispiel auf das Geschehen zu, das mit unserem Körper zu tun hat. Die Atmung, der Herzschlag, die Verdauung, die Laufleistung, sie alle lassen sich zwar beschleunigen, doch nur in begrenztem Umfang. Werden die Grenzen der Beschleunigung überschritten, die biologisch gesetzten Maße des Zeitlichen ignoriert und missachtet, wird es sehr schnell gefährlich und nicht selten sogar lebensgefährlich. Als Spezies, die lernen kann und lernen muss, wissen wir aus zum Teil leidvoller Erfahrung, dass sich die Leistungen, die das menschliche Gehirn zu erbringen in der Lage ist, nicht beliebig forcieren lassen. Die Steigerung der Schreibgeschwindigkeit, die des Lesens, des Lernens, des Hörens, des Fragens und Antwortens kann, wenn überhaupt, nur eingeschränkt erfolgen.

Biologische Abläufe, Erkenntnisfortschritte, der Aufbau von Erkenntnissen und Erfahrungen und die das Leben begleitenden Entwicklungsprozesse brauchen nun mal Zeit, und zwar ihre je eigenen Systemzeiten. Sie reagieren widerständig gegen Beschleunigungszumutungen ihrer sozialen Mitwelt und ihrer technischen Umwelt. Alle Bemühungen, die zunehmen und selbstverständlicher werden, diesen Widerstand zu brechen und die Grenzen mit Pillen und Pulvern aus der Apotheke zu erweitern oder gar zu überwinden, transportieren ein großes, ein zuweilen zu großes Risiko und führen zu ungenügend beherrschbaren Folgen, Problemen und Komplikationen. Durch Medikamente und Drogen gepuscht, steigt in erster Linie nicht die Leistungsfähigkeit, vielmehr wächst die Gefahr einer abrupten, schmerzhaften und erzwungenen Vollbremsung.

Das Motiv für den Übereifer und die Verbissenheit, mit denen wir gegen besseres Wissen und ohne realistische Hoffnung immer und überall versuchen, Zeit zu sparen und unsere Lebensverhältnisse zu beschleunigen, kann nur mit der Leugnung unseres Unbehagens, unsere Zeitlichkeit betreffend, erklärt werden. Rastlose Ungeduld des Verstandes, übereiltes Denken und die

Vorschnelligkeit unseres Handelns ließen bereits Goethes Faust scheitern, jene tragische Figur, die bekanntermaßen zu spät zur Einsicht gelangte, „nur durch die Welt gerannt" zu sein. Dass eine zuallererst an Schnelligkeit und Wachstum von Geld und Gütern interessierte Gesellschaft der Selbstvernichtung zutreibt, kann man in Goethes Faust ebenso nachlesen wie auch die Vorhersage, dass die Natur, die innere ebenso wie die äußere, für das, was ihr angetan wird, sich bitterlich rächt. Die Rettung heißt Mäßigung – so heißt sie im Faust, und jenseits der Bühne, im wirklichen Leben heißt sie auch so. Ohne den Verzicht, alle sich anbietenden Möglichkeiten zur Beschleunigung auch zu nutzen, und ohne die Weigerung, alle Zeiten des Daseins in Geld aufzuwiegen, ist Rettung nicht möglich.

Doch das scheint heute weitestgehend vergessen zu sein. „Wir wissen nicht, was wir tun sollen. Wir wissen nur, dass wir etwas tun müssen. Und das schnell." Worte, die nicht nur im Resümee des Davoser Weltwirtschaftsgipfels 2009 zu finden sind, sondern die man inzwischen ganz ähnlich auch von jedem zweiten Politiker und jedem dritten Spitzenmanager zu hören bekommt. Es sind Worte der Hilflosigkeit, deren Funktion es ist, von dem Skandal abzulenken, die Sicht, den Überblick und das Ziel aus den Augen und aus dem Sinn verloren zu haben. Ziellos, taub und blind rast man mit erhöhtem Tempo und immer unvermittelter von einer Krise in die nächste, um diese dann noch schneller und mit noch weniger Durchblick in die kurz darauf folgende zu lenken. Qualtinger lässt grüßen: „I was zwar ned, wohin i fahr, aber dafür bin i schneller dort!" Das Gerenne und Gehetze hören nicht mehr auf und deshalb tut das auch nicht die Krise und der Zeitdruck. In der Wirtschaft ist es stets fünf vor zwölf, obgleich es doch, wie wir Uhrzeitmenschen wissen, ebenso oft zwölf vor fünf ist. Die Zeitnot hört einfach nicht auf. Ohne Unterlass gilt's in allerletzter Minute noch etwas Dringenderes zu tun als das, was zwei Minuten zuvor auch schon sofort getan werden musste. Man weiß nicht wohin, weiß nicht warum, weiß nicht wie lang, tut aber alles nur Mögliche, um noch schneller an jenem Ort zu sein, wo man dann alles dransetzt, möglichst rasch wieder weg zu sein. So „tickt" die Welt heute, so will sie ticken, so soll sie ticken – eine Mehrheit will es so. Weit und breit keine Alternative, keine Utopie, kein Ziel und aus diesem Grund auch immer weniger Sinn. Wo immer man hinschaut, es wird gehetzt, das Gaspedal wird durchgedrückt, das Tempo verschärft und der Zeitdruck gesteigert. Der rasche Blick ist zur Gewohnheit geworden, die schnelle Entscheidung zur Pflicht und das schnelle Geschäft zur Normalität. „Ich lese Lyrik, das spart Zeit." (Marilyn Monroe)

Nur der Geduldige ist weise

Es gibt Alternativen – glücklicherweise. Um diese zu finden, braucht es Zeit. Denn nur wer sich Zeit nimmt, den findet die Zeit. Und vieles gelingt nur, kann nur etwas werden, wenn man sich Zeit lässt, wenn's geduldig, langsam und bedächtig vorangeht. Anderes klappt nur, wenn man abbremst, zögert und verharrt, und manches entfaltet nur dann seine Schönheit und seinen Wohlklang, wenn man wartet, innehält und lauscht. Es sind die langsamen, die bleibenden Dinge und die gemächlichen Ereignisse, die die Sinne, das Herz und den Verstand erfreuen und die Wege zur Weisheit und zur Reife weisen. Langsamen, bedächtigen Schrittes wandelte Sokrates mit seinen wissbegierigen Schülern durch die Gassen Athens und auf der Agora hin und her und philosophierte. Der große Aufklärer Rousseau trödelte bis zu seinem vierzigsten Lebensjahr durch sein Leben und der Fabeldichter La Fontaine, so wird's überliefert, soll es sogar sein ganzes Leben so gemacht haben. Das aber steht in keinem Schulbuch, das erzählt keine Lehrerin. Warum eigentlich?

Und noch etwas: Auch wenn ein längst abgewählter deutscher Bundeskanzler einst glaubte behaupten zu müssen, es gebe in unserer Gesellschaft kein Recht auf Faulheit, so heißt das noch lange nicht, dass man nicht ab und zu auch mal faul sein dürfe. Ein Recht auf Faulheit existiert nämlich deshalb nicht, weil phasenweises Faulsein schlichtweg selbstverständlich ist, weil es zur menschlichen Natur gehört. Es ist ebenso selbstverständlich wie das in der Verfassung ja auch nicht geregelte Recht auf den täglichen Schlaf. Aussagekräftiger ist da das Buch der Bücher. Die Bibel erlaubt die Faulheit nicht nur, sondern plädiert sogar für sie: „Sehet die Lilien auf dem Felde, wie sie wachsen; sie arbeiten nicht, auch spinnen sie nicht, und doch sage ich Euch, dass Salomo in all' seiner Pracht nicht herrlicher gekleidet war." (Mt 6,28.29). Ganz ohne biblische Rückendeckung fordert Paul Lafargues, der Schwiegersohn von Karl Marx, ein „Recht auf Faulheit". In ihr sieht er nämlich die „Mutter der Künste und der edlen Tugenden". Als Antwort auf die Frage: „Kann denn Faulheit Sünde sein?", hätte Lafargue unmissverständlich „nein" gesagt. Der Faule gehört zu den Lieblingen der Literatur: In Russland ist der den Tag im Morgenmantel auf dem Sofa verbringende Oblomow eine Art Nationalheld. Dostojewski schreibt der Faulheit die Fähigkeit zu, die Phantasie zu liebkosen. Auch die Deutschen haben ihre faulen Helden, zu denen der mobile „Taugenichts" und der von Herrmann Hesse erfundene Tippelbruder Knulp gehören. Aus ökonomischer Sicht sind faule Menschen keine nützlichen Personen, und doch sind sie es, weil sie, anders als manch nützlicher Zeitgenosse, keinen Schaden anrichten, die Natur schonen und ihre Mitwelt nicht durch hektische Aktivität belästigen.

Für Goethe war Ungeduld eine Zeitsünde, die zu nutz- und zu sinnlosen Zeitverlusten führt und, da sie eine Feindin des Vertrauens ist, die Menschen schließlich vereinsamen, verkümmern lässt und sie unzufrieden macht. In seinen „Maximen und Reflexionen" warnt er nachdrücklich: „Mit Ungeduld bestraft sich zehnfach Ungeduld, man will das Ziel heranziehn und entfernt es nur." Eine Mahnung, die ähnlich bereits in der Sprüche-Sammlung des Alten Testaments (Sprüche 14, Vers 19) zu finden ist: „Wer geduldig ist, der ist weise, wer aber ungeduldig ist, offenbart seine Torheit."

Wenn Abbremsen nötig wird

Schmerzhaft können Erlebnisse sein, in denen man unerwartet und plötzlich genötigt wird, auf die Bremse zu treten. Neben Dramatiken, die mit Krankheiten und Unfällen einhergehen, trifft das auch auf Zeitereignisse zu, deren Bedrohungspotential geringer ist. Mal spielen diese sich am Rande, mal im Auge des Beschleunigungshurrikans ab. Dazu zählen zuallererst jene Ereignisse, in denen man mit Entschuldigungen, Meldungen und Durchsagen konfrontiert wird, in denen von Betriebs- und Sendestörungen, Computerabstürzen, Netzdefekten, von Zusammenbrüchen und Behinderungen der Informations- und Verkehrsflüsse, von Stromausfällen, Pannen und Havarien die Rede ist. Dies ist beispielsweise der Fall, wenn eine sich unkontrolliert ausbreitende isländische Vulkanaschewolke die Fluggesellschaften zu Notmaßnahmen zwingt, die dem einen oder anderen Passagier das Geschäft vermasseln, anderen den Urlaub und manchen den Anschlussflug zur sehnsüchtig wartenden Geliebten. Plötzlich heißt's dann innehalten, abbremsen, Ruhe bewahren, langsam machen. Alles Verhaltensweisen, die von den flugunfähigen Passagieren als Zumutungen empfunden und in den Medien, so übertrieben wie unzutreffend, zur Katastrophe erklärt werden. Die Reaktion der auf diese Weise zum Abbremsen Gezwungenen ähnelt der von Antilopen auf der Flucht vor einem Löwenrudel. Ihr Organismus schnellt in allerhöchste Alarmbereitschaft, der Kreislauf rotiert, der Blutdruck erreicht Rekordniveau. Der auf einem Provinzflughafen gestrandete Homo mobilis taumelt in seinem Aktivitätsspektrum zwischen Ausrasten, Explodieren und sinnlosen Übersprungshandlungen. Zu unerwartetem und ungewohntem Stillstand verdammt, wird er zum Opfer einer von Verzweiflung, Hektik und depressiver Stimmung verzerrten Situationseinschätzung, die ihn schließlich einen Verlust an Freiheit, Bewegung und Menschenwürde erleben und diesen beklagen lässt. Glücklicherweise ist das Bodenpersonal auf Amokläufe dieser Art vorbereitet. Professionelle Beruhiger – „Airport-Stauberater" – sorgen für ein moderates „Cooling down". Mal mit, mal ohne Lautsprecher werden die unfreiwillig Geerdeten gebeten und aufgefordert, Ruhe zu bewahren und von unkontrollierten Wutausbrüchen und unüberlegten Spontanhandlungen abzusehen. Die Belehrung endet, wie in solchen Fällen immer, mit der Verteilung hinlänglich bewährter rhetorischer Beruhigungspillen vom Typ: „Bitte haben Sie doch etwas Geduld. Wir bemühen uns, das Problem so schnell wie möglich in den Griff zu bekommen." Das sind dann jene Momente, in denen Hektik und Hysterie der Beinahe-Amokläufer in eine nicht näher bestimmbare Melange aus Ungläubigkeit und Resignation umschlagen. Tritt dies ein, dann haben die semi-professionellen Beruhiger ihr Ziel erreicht. Es ist ihnen gelungen, bei den auf dem Trockenen sitzenden Hektikern die Geduld und die Langsamkeit zu einer Option ihres Zeithandelns zu machen – vorübergehend zumindest.

Enthetzen:
das zu Schnelle vermeiden

Damit keine Missverständnisse aufkommen: Die Fähigkeit, schnell sein zu können, ist lebensnotwendig, ist überlebensnotwendig. Nicht notwendig hingegen ist es, immer und überall schnell sein zu können, und noch weniger wichtig ist es, jederzeit und überall schnell zu sein. Nichts gegen Autobahnen und Datenhighways, Vorbilder für die Gestaltung des Zeitlebens und den alltäglichen Umgang mit Zeit sind sie jedoch nicht. Selbst im Königreich der Beschleunigung, im wirtschaftlichen Herrschaftsbereich, ist der Tritt aufs Gaspedal nicht immer und nicht überall die empfehlenswerteste und nützlichste aller Optionen. Das trifft beispielsweise auf einen Hotelbetrieb zu. Dort gibt es zwar Abläufe, deren möglichst rasche Abwicklung nicht nur nützlich, sondern durchaus auch sinnvoll ist. Zum anderen werden in Hotels aber auch Dienstleistungen nachgefragt und angeboten, die, käme man auf die Idee, sie zu beschleunigen, die Gäste abhalten, wiederzukommen. Hotelgäste möchten bei ihrer Ankunft relativ rasch ihren Zimmerschlüssel in die Hand gedrückt bekommen, am nächsten Morgen aber wollen sie ihr Zimmer nicht schnell wieder räumen müssen. Auch hält sich die Begeisterung bei ihnen gewöhnlich in Grenzen, wenn das Menü im hauseigenen Restaurant in rekordverdächtigem Tempo serviert wird. Ganz zu schweigen von den Gesten der Höflichkeit, deren kostensparende Wegrationalisierung sich meist so wenig auszahlt wie die Beschleunigung eines Vierminuten- auf ein Dreiminuten-Frühstücks-Ei.

„Gründlichkeit geht vor Schnelligkeit" zählt zu jenen Verhaltensregeln, die in keinem mit Ermahnungen und Lebensweisheiten gefüllten Rucksack fehlt, mit dem die Heranwachsende in unserer Gesellschaft auf ihren Lebensweg geschickt werden. Und doch erinnert man sich dieser Elternweisheit später im Leben meist erst dann, wenn das Kind bereits in den Brunnen gefallen ist, die schnelle Tat mehr Schaden als Nutzen angerichtet hat. Selten nur ist die Einsicht dann von längerer Dauer. Kaum ausgesprochen, ist sie auch schon wieder verblasst. Die Kürze ihrer Verfallszeit übersteigt diejenige rasch verderblicher Güter und Waren.

Schaut man genau hin, wird man feststellen, dass der anfallende zeitliche und auch finanzielle Aufwand der Gefahrenabwehr mit der Steigerung der Beschleunigung zunimmt. So etwa verlangen Gesetzgeber und Versicherungsgesellschaften aus Gründen der Sicherheit für fahrtüchtige Kraftfahrzeuge eine Ausrüstung mit Antiblockiersystemen, Airbags, situationssensiblen Bremssystemen, mit Seitenaufprallschutz und aktiven Fahrsicherheitssystemen. Mit der Geschwindigkeit nehmen die Risiken und die Gefahren zu. Ein mit 30 Stundenkilometer durch die Lande zuckelnder Zug reagiert zum Beispiel auf eine Gleisverschiebung von einem Zentimeter überhaupt nicht, ein 300 Stundenkilometer schneller ICE entgleist in der gleichen Situation.

Schnelle Menschen machen schnell Fehler. Ein Sachverhalt, den Karl Kraus zu der provokant rhetorischen Frage bewogen hat: „Was nützt Geschwindigkeit, wenn der Verstand unterwegs ausläuft?" Eine Frage, die mit hoher Wahrscheinlichkeit den Beifall des Autors der „Faust-Tragödie" gefunden hätte. Dem stets ungeduldigen, von rastloser Begehrlichkeit und pausenloser

Hast getriebenen und den Versprechen der maßlosen Schnelligkeit und rastlosen Aktivität verfallenen Faust mangelt es bekanntlich immerzu an Zeit. Er verheddert sich in den Maschen des Beschleunigungsfurors, ist aufs schnelle Geld, die rasche Liebe und die fixe Erkenntnis aus. Was aber bekommt er für seine Ungeduld, seine „sofortistische" Haltung? Es ist der schnelle Untergang. An dessen Ende bleibt ihm nur die bittere Erkenntnis, die auch den Zeitraffern unserer Tage nicht erspart wird:

„Ich bin nur durch die Welt gerannt,
Ein jed' Gelüst ergriff ich bei den Haaren,
Was nicht genügte ließ ich fahren,
Was mir entwischte ließ ich ziehn."

Die Botschaft des Weimarer Dichterfürsten ist eindringlich: Die Folgen von Ungeduld, Tempobesessenheit und Übereiltheit sind Irrtum, Ignoranz und Gewalt. Mit ihnen ist der Weg in die Hölle und nicht, wie manch ein Verblendeter vermutet, der ins Paradies gepflastert.

Das ist ein guter Anlass, mal wieder an die physikalische Binsenweisheit zu erinnern, dass Schnelligkeit nur dort beherrschbar ist, wo auch situationssensible, gut funktionierende und verlässliche Vorrichtungen zum Abbremsen vorhanden sind. Dass dies keineswegs eine Selbstverständlichkeit ist und immer mal wieder vergessen wird, beweist unter anderem jenes teure Scheitern des ersten Freiland-Zeitexperiments im 21. Jahrhundert, das wir gemeinhin mit der Beschwichtigungsformel „Finanzkrise" beschreiben. Das von den gierigen Zeitverkäufern in den Banken und Versicherungen verursachte Desaster konnte nur entstehen, weil die einmal in Gang gesetzten finanztechnischen Hochgeschwindigkeitsabläufe nicht mehr gestoppt, nicht mehr abgebremst, nicht mehr verlangsamt und angehalten werden konnten. Ursächlich war der selbst produzierte immense Zeitdruck, der kein Umsteuern und keine Korrektur mehr zuließ. In der Finanzwirtschaft, in der schnell nie schnell genug ist, ist die Langsamkeit der Feind Nummer eins. Die Maßlosigkeit des schnellen Geldes führt zwangsläufig zum Kollaps, auch, weil in einem solchen Umfeld die Risiken nicht nur eklatant steigen, sondern auch immer unübersichtlicher und unkalkulierbarer werden. Bei etwas besseren Literaturkenntnissen hätte man wissen können, dass in solchen Situationen der Zauberlehrling seinen unaufhaltbaren fatalen Besentanz aufs Börsenparkett legt.

Die alles menschliche Zeitmaß übersteigende Zeitvernichtungsdynamik des Computerhandels hat die sich zu Statisten ihres eigenen Tuns erniedrigenden Finanzjongleure jeder Möglichkeit beraubt, auch nur in Ansätzen erkennen zu können, was sie da eigentlich in Gang gesetzt hatten und zu welchen Folgen und Konsequenzen das, was sie auf den Schnellweg gebracht hatten, schließlich und endlich führen würde. Kurzum, die Tempobolzer an ihren Terminals wussten weder was sie taten, noch hatten sie eine Ahnung von den Folgen ihres Tuns. Wo, wie das in der Finanzwirtschaft der Fall ist, qualitätssichernde Langsamkeit nur mehr als Störung und Einschränkung potentieller Geldgewinne wahrgenommen wird, werden die Geschäfte zum Blindflug und der schnelle Absturz zur unabwendbaren Konsequenz. Wieder mal bestätigt sich, was dem gesunden Menschenverstand, diesem „hausbackenen Gesellen" (Hegel), längst bekannt war: dass die Eile nur dort eine Produktivkraft ist, wo sie mit der Weile eine enge Verbindung eingeht.

Missverständlich wäre es, wenn man das bisher Gesagte als ein Plädoyer für eine allumfassende Verlangsamung, die heutzutage gerne mit dem Etikett der „Entschleunigung" daherkommt, verstehen würde. Nein, es wäre dumm und einfältig, alles langsamer zu machen, immer nur auf der Bremse zu stehen. Kein Mensch will, solange er noch bei Sinnen ist, dass der Notarzt mit der Pferdekutsche kommt. Der Ruf nach genereller Entschleunigung ist naiv und darüber hinaus auch unsinnig. Jeder Radfahrer weiß, zuweilen aus schmerzhafter Erfahrung, dass Stabilität weder nur durch Schnelligkeit noch ausschließlich durch Langsamkeit erreichbar ist. Die situationsadäquate Balance ist das Ergebnis einer sensiblen Koordination von Schnelligkeit und Langsamkeit.

So wenig, wie es richtig und sinnvoll ist, das Schnelle zum Guten und das Langsame zum Schlechten zu erklären, so wenig ist das Gegenteil richtig. Das Langsame ist nicht immer und überall produktiv, das Schnelle nicht allerorts und jederzeit destruktiv. Die Zeit ist kein Phänomen, bei dem man mit einer solch simplen Schwarz-Weiß-Perspektive weiterkommt. Nicht Entschleunigen täte dieser Gesellschaft und ihren Bürgern und Bürgerinnen gut, Enthetzen wäre angesagt. Enthetzen zielt zuallererst auf die Vermeidung und die Reduktion des *zu* Schnellen, auf das, was *zu* rasch geschieht und *zu* viele Risiken provoziert. Appelle zum Enthetzen zielen auf den Abbau überflüssiger Schnelligkeit, nicht auf den von

Schnelligkeit generell. Es geht beim Enthetzen um die Verringerung von jenem Tempo, das ein zu hohes, ein tendenziell unverantwortliches und unbeherrschbares Gefahrenpotential mit sich führt, von jener Geschwindigkeit, die mehr Schaden als Nutzen verursacht und für die Gesundheit und das menschliche Wohlbefinden schädlich und bedrohlich ist.

Der vor 20 Jahren noch in keinem Lexikon auffindbare Begriff der „Entschleunigung" ist dafür wenig geeignet. Er ist zum einen mit zu viel idealistischem Übergepäck belastet, andererseits wird er auch zu häufig als Kampfbegriff in ideologisch aufgeladenen Auseinandersetzungen eingesetzt, um an aktuellen Zeitnöten wirklich etwas ändern zu können. Stan Nadolny, Verfasser des viel gelobten Bestsellers „Die Entdeckung der Langsamkeit", äußert die Vermutung, dass es sich bei dem Wort „Entschleunigung" um nichts anderes als um eine wichtigtuerische Worterfindung der Lebensberaterbranche handelt. Sie verfolge, so Nadolnys These, den Zweck, die verbreitete Negativbesetzung des Begriffs „langsam" mit sprachkosmetischen Mitteln zu umgehen, um so zu tun, als habe man etwas ganz Neues erfunden, was ohne die Nachteile des Langsamen auskommt.

Warten und Abwarten

Ein Fortschritt, der die Menschen zufrieden, zeitsatt und hin und wieder auch einmal glücklich macht, braucht beides: Schnelligkeit *und* Langsamkeit, Flexibilität *und* Beharrlichkeit, Bewahrung *und* Veränderung. Wer große Fische fangen will, vom Kopf gewehte Hüte einfangen möchte, auf einen guten Einfall wartet und wer seine Paukenschläge an der richtigen Stelle zu platzieren sich bemüht, ist gut beraten, abzuwarten, geduldig und langsam zu sein, eine Zeitlang nichts zu tun, um im entscheidenden Moment dann rasch und flugs zugreifen oder zuschlagen zu können. Pausenlose Umtriebigkeit, anhaltende Geschäftigkeit und nie enden wollende hochtourige Betriebsamkeit würden alles verderben, wie das auch die Konsequenz endloser Hetzerei und allzu beflissener Eilfertigkeit wäre. Sie sind sichere Mittel und Strategien, zu verfehlen, was man beabsichtigt, und zu verpassen, was man zu tun sich vorgenommen hat. Nur diejenigen, die aktiv *und* passiv, langsam *und* schnell, geduldig *und* ungeduldig sein können, sind gut behütet. Nur ihnen fällt etwas Brauchbares ein und nur sie setzen ihre Paukenschläge an der richtigen Stelle.

Nicht ohne Grund hat die Naturgeschichte den Menschen mit Zeitqualitäten ausgestattet, die neben Schnelligkeit und Eile auch Langsamkeit, Stillstand, Abwarten, Innehalten und Wiederholungen ermöglichen und zulassen. Warum hätte die Evolution das tun sollen, wenn es sich nicht als vorteilhaft für den Homo sapiens und dessen Daseinsgestaltung erwiesen hätte. Die Evolution tut bekanntlich nichts ohne Grund. Wären, wie das heute hin und wieder den Anschein hat, die menschlichen Fähigkeiten zum Abbremsen und Verlangsamen nur von Nachteil, dann hätte die Natur längst für ihre Abschaffung gesorgt. Das aber hat die Evolution schon um ihrer selbst willen unterlassen. Langsamkeit, Geduld und Langfristigkeit gehören nämlich zu jenen Zeitqualitäten, die dem Evolutionsprinzip von „Versuch und Irrtum" überhaupt erst seinen Erfolg garantieren. Die horrende Zunahme des Lebenstempos in den letzten 200 Jahren und der in diesem Zusammenhang in Gang gesetzte Kampf gegen das Langsame, das Geduldige und Zögerliche setzt das für die Natur- und der Menschheitsgeschichte wichtige Entwicklungsmodell von „Versuch und Irrtum" jedoch so unter Zeitdruck, dass zum einen seine Funktionsfähigkeit, zum anderen aber auch seine Wirksamkeit gefährdet ist.

Wo Langsamkeit, Abwarten, Zögern und das Wiederholen zu den „verlorenen", den diskriminierten Zeiten zählen, kommt der Mensch in die gefährliche Situation, nicht mehr abzuwarten, ob aus dem, was die Natur und der Mensch in Gang gesetzt und auf den Weg gebracht haben, ein Erfolg oder ein Misserfolg, sprich: ein Irrtum wird. Das erhöht die Risiken für Leib und Leben, macht sie weniger überschaubar und nur mehr schwer kalkulierbar, auch weil die Menschen sich auf diesem Weg ihrer eigenen Natur, speziell ihrer Zeitnatur, mehr und mehr entfremden.

Nur hartnäckige Ignoranten leugnen die offenkundigen Folgen und Zeichen der fatalen Verletzungen des Prinzips „Versuch und Irrtum." Die zwischenzeitlich schon fast wieder vergessenen dramatischen Ereignisse um die BSE-Seuche vor einigen wenigen Jahrzehnten zählen ebenso dazu wie die sich in jüngster Zeit häufenden Rückrufaktionen von Kraftfahrzeugen und Kinderspielzeug. Auch in der Lebensmittel- und der Pharmaindustrie scheint man häufig, zu häufig, nicht bereit und geduldig genug gewesen zu sein, so lange auf sichere und eindeutige Testergebnisse zu warten, bis fatale und folgenreiche Irrtümer ausgeschlossen werden konnten. Beschleunigte Produktzyklen lassen darüber hinaus Unternehmen zu wenig Zeit, Fehler korrigieren zu können. Die vom Markt und der Konkurrenz provozierte Verkürzung der Produktlebenszyklen reduziert den Zeithorizont der Produzenten in einem ähnlich gefährlichem Ausmaß wie den der Käufer.

Wir sind durch Ereignisse, denen wir gerne das Etikett „Skandal" anheften, gewarnt worden und werden es täglich neu. Es brauchte die Dramatiken der Corona-Pandemie, damit auch die extremsten Zeitraffer und Tempodrücker zur Erkenntnis gezwungen wurden, dass man mit funktionierenden Bremsen, mit Langsamkeit und Geduld zuweilen schneller vorankommt als durch unablässigen Druck aufs Gaspedal.

Zum Zeitsparen
sind wir nicht auf der Welt

Auch wenn hin und wieder der Eindruck aufkommen mag – aber der Mensch ist nicht auf der Welt, um Zeit zu sparen. Auch zählt es nicht zu den ihm von der Natur mitgegebenen Aufgaben und Pflichten, die Zeit immer und überall in Geld zu verrechnen. Auf der Welt ist der Mensch, um sie sich im Rahmen seiner Fähigkeiten und Möglichkeiten anzueignen, sie zu gestalten und sich in sie zu fügen. Um das hinzubekommen, ist es unerlässlich, mal schnell, mal langsam zu sein, mal ruhig, mal laut zu sein, mal nichts zu tun und ein andermal ganz viel. Immer aber kann er nur das machen, was ihm seine Zeitnatur gestattet. Selbst nach Jahrhunderten der Modernisierung und des Fortschritts ist er immer noch Teil der Natur. Nach wie vor ist es ein Netz molekularer Zeitgeber, das seine körperlichen Zeitverläufe, den Herzschlag, den Blutdruck, die Temperatur, den Wach-

Schlaf-Rhythmus und den Hormonhaushalt koordiniert und garantiert. Daran wird sich auch in naher und mit hoher Wahrscheinlichkeit auch in ferner Zukunft nichts ändern. Bereits 1859, der Beschleunigungszug war vom Erfindergeist gerade auf die Schiene gesetzt worden und sorgte fortan für viel Dampf, gelang dem Physiker und Physiologen Hermann von Helmholtz in einem Aufsehen erregenden Experiment der Nachweis, dass das menschliche Nervensystem Informationen nicht im hohen Tempo eines Telegraphen zwischen Muskeln und Gehirn übermittelt, sondern erheblich langsamer arbeitet. Im Zeitalter des Hochgeschwindigkeitsdatentransfers, wo der Transport der Informationen noch in weit höherem Tempo vonstatten geht, ist es notwendiger denn je, diese Erkenntnis wieder mal ins inzwischen viel zu langsame Gedächtnis zu rufen.

Verführt von den Zeitvorgaben und den Zeitmustern der elektronischen Medien, neigen wir in unseren Tagen dazu, uns frei von den Naturgesetzlichkeiten des Zeitlichen zu wähnen. Welch ein Irrtum! Die Evolutionsbiologie lehrt anderes. Sie erinnert und mahnt uns zugleich, dass alle Anpassungen ans Neue, sollen sie denn erfolgreich sein und relativ gefahrlos ablaufen,

Zeit brauchen, und zwar ihre je eigenen Prozesszeiten. Rasche Anpassung ist die Ausnahme, eine Ausnahme, die wir heute zur Normalität erklärt haben. Ähnlich wie auch die Akklimatisation an ungewohnte klimatische Verhältnisse ihre Zeit braucht, so benötigt diese auch die Anpassung an neue Umgebungen, an ungewohnte soziale Um- und Mitwelten, an körperliche und psychische Entwicklungsschritte. Selbst Anpassungen an veränderte technische Welten und Umwelten gelingen nicht im Handumdrehen und überall im gleichen Tempo.

Ohne Langsamkeit, ohne Geduld, ohne widerständiges Beharrungsvermögen schlagen die Prozesse der Anpassung fehl, scheitern sie. Anpassung braucht Zeit, Zeit, die man sich nehmen und die man sich lassen muss. Das verlangt die menschliche Zeitnatur. Würden die Menschen so schnell verdauen, wie sie es sich angewöhnt haben zu essen, hätten sie immerzu Durchfall. Im übertragenen Sinn gilt dies für viele Abläufe im Leben, in dessen Verlauf es bekanntlich so manches zu verdauen gilt. Ein Großteil der grandiosen und herrlichen Dinge, Werke und Ereignisse dieser Welt, die wir bestaunen und verehren und zu denen wir bewundernd aufblicken, wären niemals entstanden, niemals geschehen, wenn man die Zeit nicht auch hin und wieder einmal „vergessen" hätte, wenn man sie immer nur gespart, beschleunigt, genutzt und nach Kriterien der Effizienz organisiert hätte, wenn man nicht auch öfters mal großzügig mit ihr umgegangen wäre – und sie ab und zu nicht auch verschwendet hätte.

Zum Glück gibt es Pausen

Zu den großen Irrtümern unserer Zeit zählt die Annahme, dass man durch Beschleunigung und Steigerung der Handlungs- und Erlebnisepisoden pro Zeiteinheit mehr Leben ins Leben bringen könne. Erreicht wird das Gegenteil. Je schneller, desto kurzatmiger und atemloser werden wir. Umso mehr wird das Leben zu einem pausenlosen Kampf gegen die Zeitnot und aus dem abwechslungsreichen Zeitfluss wird ein gerader, ein öder und monotoner Kanal. Die kleinteilige Verterminierung des Alltags hält die Menschen davon ab, das Gute dem Nützlichen vorzuziehen, den rechten Augenblick zu erwischen und die Zeit zu genießen. Die Zeitverdichtung macht im Fernsehen jede Pause zur Sendestörung, im Internet gerät sie zum Defekt, im Straßenverkehr zu einem Ärgernis und in der Welt der Arbeit zu einem Geldverlust. Selbst die Kommata, die kleinen Pausenzeichen, die dem Rhythmus und dem Textverständnis dienen, werden im poesiefreien Mailverkehr häufig weggelassen. Der Totalverwertung von Zeit in Geld steht die Pause im Wege.

Jahrzehnte kämpften Gewerkschaften für das Recht auf Pausen während der Arbeitszeit. Seit 1994 sind diese „Lakaien" der erschöpfenden Arbeit im Arbeitszeitgesetz auch geregelt. Die Praxis aber zeigt, dass die klaren Vorgaben vielfach nicht erfüllt und nicht ernst genommen werden. Von einer lebendigen Pausenkultur kann in der Mehrzahl unserer Unternehmen keine Rede sein, wenn die Mittagspause mit Pappbecher, Sandwich und ein paar unverdaulich fixen Algorithmen am Computer verbracht wird. Da muss man sich dann auch nicht wundern, wenn 86 % der Angestellten, wie die Studie einer Krankenkasse (2016) berichtet, sich von ihrer Arbeit gestresst fühlen.

Es ist das pausenlose Wachstumsdenken, das sich wie ein Tumor in die Zeiten des Alltags hineinfrisst und die nicht beschleunigbaren Zeitqualitäten in ihrer Existenz in einer Art bedroht, die eine Verlustanzeige rechtfertigt.

Akzeptiert und toleriert werden Pausen vor allem in der paradoxen Form von Werbeunterbrechungen oder angefüllt mit Pausenprogrammen. „Pausen verkaufen, Pausen bewirtschaften wir!" Unverplante, ungenutzte

Pausen, leere Seiten im Terminkalender werden im Zeitdruck-Alltag höchstens toleriert, wenn sie den Verwertungsinteressen der Ökonomie zuarbeiten. Sie stehen unter Rationalisierungsdruck. Mit Pausenprogrammen angefüllten Pausen sind jedoch in die ökonomische Pflicht genommene Zeitformen, die den Namen „Pause" nicht verdienen. Produktiv, kreativ sind Pausen nur, wenn sie offen, leer, ohne Programm sind. Nur dann werden sie zu Zeiträumen des Nach- und des Vorausdenkens, zu Spielräumen der Phantasie, der Tagträumerei, des Ab- und Umschaltens und zum Mutterboden der Innovation.

Die „Pause" hat eine lange und ehrwürdige Geschichte. Eine würdige Gegenwart hat sie nicht. Im götterreichen uhrlosen antiken Griechenland waren Pausen ein wichtiger Teil der Lebensqualität. Die historischen Quellen lehren, dass ein gewisser Aristos im Jahr 309 vor Christus für seine Musiker mehr Pausen verlangt hat und für die kleinen Urlaube vom Verfügtwerden – das sind Pausen ja – sogar den ersten uns aus der Geschichte bekannten Streik riskierte. Dass auch die Römer dem Pausenmachen und dem Innehalten Positives abgewinnen konnten, wissen wir von Cicero, der in seiner Schrift

„Über den Redner" einen engen Zusammenhang zwischen Pausen und bürgerlicher Freiheit herstellte: „Mir
scheint nämlich selbst ein freier Bürger nicht wirklich
frei zu sein, der nicht irgendwann auch einmal einfach
nichts tut." Tempi passati!

Viele Künstler, Erfinder, Forscher und Schriftsteller
erzählen von Geistesblitzen, Ideen und Eingebungen,
die sie Pausen verdanken. Der französische Mathemati-
ker Henri Poincaré gehört dazu: „Es geschieht oft, dass
man an einer schwierigen Aufgabe sitzt und beim ersten
Anlauf nichts Lohnendes herausbekommt. Dann macht
man erst mal Pause, mal kürzer, mal länger, und geht die
Aufgabe erneut an. Während der ersten halben Stunde
kommt man, genau wie zuvor, nicht voran, doch dann
plötzlich fällt es einem wie Schuppen von den Augen ..."

Pausen machen, Innehalten, Trödeln, Tagträumen,
Dösen, das können alle. Man braucht es nicht zu lernen,
nicht zu üben. Man benötigt kein Training dazu. Aus-
halten aber muss man heute, dass Pausen in einer auf
mehr und mehr Tempo setzenden Gesellschaft zum ab-
weichenden Verhalten erklärt werden.

Was ist das eigentlich: Pause? Die Pause ist ein Kurzurlaub vom Weitermachen, eine offene Tür, die viel zu

selten eingerannt wird, Augenblick einer Freiheit und des freien Denkens, der von keinem „Muss" bedrängt wird. Die Pause ist ein „Dazwischen": ein Intervall zwischen zwei Aktivitäten, auch zwischen zwei Zuständen. Pausen sind zeitliche Zwischenräume. Es sind Zwischenzeiten und Lücken der Unbestimmtheit, die man planen und organisieren, aber auch spontan und nicht beabsichtigt machen kann. Wie auch immer, geplant oder ungeplant: Pausen schaffen es, aus einer Bretterwand einen Lattenzaun zu machen, einen „Lattenzaun mit Zwischenraum hindurchzuschaun". Christian Morgenstern hat sich diesen amüsanten Reim dafür einfallen lassen. Wie das Astloch im Bretterzaun den Blick in eine andere Wirklichkeit öffnet, so tun Pausen Chancen auf, neu zu sehen und das Zeitgeschehen in eine andere Richtung zu steuern. Sie sorgen für Durchzug, für die Durchlüftung des Alltagsgeschehens. Sie schaffen Abstand und sorgen für Aus- und Durchblicke, unterbrechen ein Tun durch ein Nichtstun, machen durch Unterlassungshandeln aus einer zwei Handlungssequenzen. Pausen sind also nicht nichts. Sie bewahren die Menschen vor dem grausamen Schicksal des von den Göttern zum pausenlosen Steinewälzen gezwungenen Sisyphos, ohne Unterbrechung weitermachen zu müssen. Die Pause ist ein sanfter Sturz aus dem Gewohnten, aus dem Selbstverständlichen des Alltagshandelns und der eigenen Biographie. Pausen provozieren die Frage: Könnte es nicht auch anders sein? Sie machen, was sie unterbrechen, zu etwas Vergangenem, und was ihnen folgt, zu etwas Zukünftigem. Indem sie Abstand schaffen, schaffen sie zugleich Anfang und Ende. Für den notwendigen Abstand zwischen dem Ende und einem Neubeginn sorgt die Dehnungsfuge „Pause". Sie garantiert, dass wir nicht zu Gefangenen der eigenen Geschichte und des Immerweitermachens werden, dass wir uns gegen Unerträgliches und gegen Zumutungen aller Art durch Neuanfänge zur Wehr setzen können. Sie lassen spüren, dass es noch nicht Schluss ist, sondern nur Pause und dass, obgleich etwas zu Ende gegangen ist, etwas anderes danach weitergeht.

Pausen sind im Zeitgeschehen, was Bänke im öffentlichen Raum sind.

Personen, die Pausen machen, haben nicht nur mehr vom Leben, sie leisten auch mehr. Eine Studie der Universität Harvard kommt zu dem Ergebnis, dass Prüfungsleistungen von Schülern deutlich ansteigen, wenn vor Beginn einer Prüfung eine Pause von 20-30 Minuten gemacht wurde. Pausen machen muss also zu einer Routine werden, um die Produktivität jener Routinen sicherzustellen, die keine Pausen sind.

Kultivieren wir also das kleine Glück der unverzweckten Zeiterfahrung: die spontane Kaffeepause, das zufällige Schwätzchen auf dem Flur, der unerwartete Stromausfall, der Computerabsturz, der Blick aus dem Fenster. Pausen müssen keine arrangierten oder organisierten Unterbrechungen sein. Und sie müssen auch nicht eine Stunde dauern, obgleich Elias Canetti einmal anmerkt: „Es genügt, sich eine Stunde täglich seinen Gedanken zwecklos auszuliefern, um etwas wie ein Mensch zu bleiben." Zumindest experimentieren sollten wir mit Canettis Vorschlag.

Es sind nämlich gerade die Pausen, in denen die Sinne und die Gedanken Auslauf haben, der Geist aber weiterhin aktiv ist. Ein Gedanke kommt, wann er will, nicht, wann ich will. „Zum Denken", so Walter Benjamin, „gehören nicht nur die Bewegung der Gedanken, sondern ebenso ihre Stilllegung." Im Leben geht es nämlich nicht darum, sich zu überlegen, was man noch alles tun kann. Viel wichtiger ist die Überlegung, wie man, was man getan hat, auch genießen kann. Und es sieht ganz danach aus, dass Pausen dafür eine notwendige Bedingung sind.

Die Tür zum echten, zum wirklichen Garten Eden bleibt denen verschlossen, die in den Pausen, im Zustand des „Verweile doch, du bist so schön" und im ergebnisoffenen Trödeln nichts als Zeitverschwendung sehen.

Kurzum: Nicht die Ruhe, die Pause ist die erste Bürgerpflicht.

Ich mache Pause – also bin ich!

Von Hummeln,
Schildkröten & Co

Geht's um Zeit, führen Polarisierungen nach dem Vorbild „gut/schlecht", „pünktlich/unpünktlich" nicht weiter. Die Zeit, vor allem aber das Zeitleben bietet weit mehr Alternativen als eine Entscheidung zwischen langsam und schnell. Es sind die Zeiten des „Dazwischen", die vielen bunten Zeitqualitäten, die sich im weiten Raum zwischen langsam und schnell tummeln, die dem Leben Lebendigkeit und Farbigkeit verleihen, die für Abwechslung, Vielfalt und Mannigfaltigkeit, in einem Wort: für Freiheit sorgen. „Jedes hat seine Zeit und alles Tun seine Stunde ...", lehrt uns der poetische Predigertext. Jedes Ding, jedes Geschehen, jedes Tun und auch jedes Lassen besitzt seine System- und seine je besondere Eigenzeit. Alle zusammen machen sie die biologische und die kulturelle Zeit- und Lebensvielfalt des Daseins aus.

Eine anschauliche Vorstellung zeitlicher Bewegungs-
vielfalt bekommt man bei der Beobachtung des Flugs
der Hummel während ihrer Futtersuche. Die Hummel
bewegt sich bei ihrem Flug über eine blühende Wiese
nicht so schnell sie kann, sondern in wohl dosiertem,
wechselndem Tempo. Sie fliegt nicht schnurstracks auf
eine Blüte zu, ihr Flug ähnelt dem Gang eines leicht be-
schwipsten Zechers auf dem Nachhauseweg. Die Hummel hat Gründe für ihre schwankenden Bewegungen, für
ihre zeitlichen Kapriolen. Die verschiedenen Geschwin-
digkeiten, mit denen sie sich fortbewegt, erlauben es
ihr, die unterschiedlichen Blüten zu identifizieren, und
zugleich gelingt es ihr, so festzustellen, wie viel Honig
bei ihnen zu finden ist. Die Hummel bewegt sich also
nicht mit dem Tempo vorwärts, das ihr „Motor" hergibt,
sondern mit jener Geschwindigkeit, die sie den geringsten Energieaufwand kostet, um dabei den Zweck ihres
Fluges, nämlich die Nahrungssuche, am besten zu er-
füllen. Man kann es auch so sagen: Hummeln verhalten
sich bereits so, wie Experten und Expertinnen von Um-
weltverbänden und Umweltministerien es den sich für
ungleich klüger haltenden menschlichen Zeitgenossen
nachdrücklich empfehlen.

Mit der Hummel ist das Potential tierischer Vorbilder jedoch bei weitem noch nicht ausgeschöpft. Auch wenn sich das „animal civile", der Mensch, seit alters her um eine Abgrenzungen zur Tierwelt bemüht, so bewundert und beneidet er doch das eine oder andere Tier im Hinblick auf sein Zeitverhalten. Vor allem trifft dies auf die Ruhe und die Gelassenheit zu, mit denen sie unaufgeregt in den Tag hinein leben. Schildkröten kommt dabei eine besonders große Bewunderung zu. Sie sind Muster und Liebling, wenn es um Vorbilder für attraktive Langsamkeit, für Geduld und Langlebigkeit geht. Seit 200 Millionen Jahren, seit der Dinosaurierzeit, besiedeln Schildkröten Teile dieser Welt. Sie taten das auch schon, bevor der erste Homo sapiens ihnen den Salat weggefressen hat. Bekanntlich hatte die Evolution erst vor 2,5 Millionen Jahren den Versuch gestartet, es einmal mit einem sich auf zwei Beinen fortbewegenden Lebewesen zu versuchen. Vor hundert Jahren jedoch scheinen die Senkrechtgeher es satt gehabt zu haben, aufrecht durch die Welt zu eilen. Sein einstmals berechtigter Stolz auf den aufrechten Gang scheint im Schwinden begriffen zu sein. Im Gegensatz zu den Menschen sind die Schildkröten ihrem seit Millionen Jahre unveränderten Tempo, einschließlich ihrer biblischen Lebenserwartung von über 200 Jahren, auch weiterhin treu geblieben. Sie scheinen sich nicht einmal dabei zu langweilen, denn wie amerikanische Forscher jüngst (2011) festgestellt haben, tun sie das, auch das unterscheidet sie von den Menschen, ohne in ihrem langen Leben jemals zu gähnen.

Entweder lieben die Mensche ihre Probleme so entschlossen, dass sie sie nicht mehr relativieren oder lösen wollen, oder sie glauben dem heiligen Augustinus nicht mehr, der ihnen empfohlen hat, sie am besten beim Gehen zu lösen („solvitur ambulando"). Ob die Menschheit, falls sie denn die Fortbewegung zu Fuß in Zukunft ganz sein lässt und sich nur noch im Modus des Fahrens fortbewegt, die Erde noch einmal zweieinhalb Millionen Jahre besiedeln wird, ist höchst unsicher. Schaut man sich an, was Homo sapiens auf Erden heute so alles mit der Natur und der Zeit anstellt, sind Zweifel erlaubt. Dem Adel der Barockzeit waren die Langsamkeit, die Gelassenheit, die Langlebigkeit und die energetische Bescheidenheit der Schildkröte noch ein Leit- und Vorbild. Diese Hochschätzung machte sie zu einem heraldischen Tier, das des Öfteren in Wappen von Adelsgeschlechtern seinen Platz fand.

Vor den Adligen des Mittelalters bereits hatten die Athener der Antike, Wegbereiter der abendländischen Kultur und der Wissenschaften, die einerseits wachsame, andererseits den Tag verschlafende Eule zu ihrem Emblem gemacht und auf ihren Münzen verewigt. Für die Hyperaktivität der heutigen Zeitgenossen, die die Nacht zur Verlängerung des Tages und die Eule zu einem Fall für den Artenschutz machen, hätten die alten Griechen nicht das geringste Verständnis gehabt.

Spitzenreiter unter den Tieren, die zum Langsamkeits-Symbol taugen, ist, wie könnte es anders sein, die Schnecke. Nicht nur im englischsprachigen Raum, sondern auch in Deutschland und in Frankreich spricht man von der „Snail-Mail", während es in Italien und in Spanien die Schildkröte ist, die die Schnecke bei dieser nicht immer angenehmen Aufgabe entlastet. Die Langsamkeit der Schnecke wurde erst im Laufe der Industriegesellschaft, wo es darum ging, die Menschen auf Trab zu bringen, in diskriminierenden Zusammenhängen verwendet. In antiken Fabeln und als mittelalterliches Wappentier stand die Schnecke, die sich seit fünfhundert Millionen Jahren mit einer Höchstgeschwindigkeit von 0,003 Kilometern pro Stunde erfolgreich fortbewegt, noch für die Eigenschaften der Genügsamkeit, der Bedächtigkeit und des Abwägens. Es spricht nichts dagegen, dies heutzutage anders zu halten, da Schnecken sich in ihrem Zeitverhalten bis dato nicht an der Uhr orientieren, sich weder hetzen noch hetzen lassen und sich so verhalten, als wären sie der Auffassung, es gäbe Wichtigeres im Leben als permanent auf's Tempo zu drücken. Dass Schnecken langsam sind, kann man ihnen nicht zum Vorwurf machen. Dies ist ja nur der Fall, weil die Menschen so schnell sind und dazu neigen, ihr Leben durch die Verschwendung ihrer Energie zu verkürzen. Wären die Menschen gezwungen, ihr Haus permanent mit sich herumzutragen, würden sie sich mit hoher Wahrscheinlichkeit auch langsamer fortbewegen.

Auch die Kuh, wie kaum ein anderes dem Menschen nahestehendes Tier, versinnbildlicht Ruhe, Ausgeglichenheit und Sorglosigkeit. Kühe eignen sich daher gut als Projektionstiere für Sehnsüchte nach einem weniger stressreichen, einem weniger aufregenden Leben. Als Leitbild oder gar als Wappentier sind sie nicht allzu attraktiv. Doch bereits der schiere Anblick des wunschlos die Gegenwart ein- und ausatmende Nichtstuns der vor sich hingrasenden und wiederkäuenden Tiere ist beruhigend. Er wirkt auf die Zeitgenossen und Zeitgenossinnen dieser Überstunden-, Überforderungs- und Überlastungsgesellschaft wie eine „balsamische Wohltat". Und in der Tat, Kühe lassen sich Zeit, viel Zeit. Bis zu neun Stunden pro Tag verbringen die Kühe damit, das im Pansen anverdaute Futter wieder in kleineren Portionen rhythmisch hochzuwürgen, um es dann mit bis zu 60 Kaubewegungen zu zerkleinern und es anschließend, ebenso rhythmisch, wieder in die Tiefen der Kuhmägen hinabzutransportieren. Kühe, das lässt ihr zu meditativer Stimmung anregender Anblick vermuten, scheinen mit sich und der Welt um sie herum im Reinen zu sein. Ein Zustand, den die von Hektik, Ungeduld und Unruhe geplagten Kuhbetrachter auch für sich ersehnen. Das muss auch Nietzsche so ergangen sein: „So wir nicht umkehren und werden wie die Kühe, so kommen wir nicht in das Himmelreich."

Wären wir langsamer, geduldiger und weniger hektisch, hätten wir weniger Unfälle und Schäden zu beklagen, wir müssten weniger Geld für Medikamente ausgeben und bräuchten seltener zum Arzt zu gehen. Die Anzahl der Patienten mit Herz-Kreislauf-Erkrankungen nähme ab, die der Kinder hingegen zu, und die Scheidungsraten würden auch sinken. Die Menschen wären zufriedener, die Gerichte hätten weniger zu tun, die Polizei auch. Wir wären nicht immerzu so erschöpft, so fertig und ausgepumpt und würden, was wir essen, wieder schmecken, kämen öfters dazu, ein Buch zu lesen und uns um unsere alt gewordenen Eltern zu kümmern. Nun gut, wir hätten wahrscheinlich auch ein etwas geringeres Einkommen, nicht so viele neue Gerätschaften und ein älteres Auto. Dafür aber hätten wir einen höheren Zeitwohlstand und ein zufrieden machenderes Zeitleben. Auch wenn der heilige Benedikt die Gläubigen auffordert, alles zu tun, um möglichst schnell ins Reich der Erlösung zu gelangen, so heißt das nicht, dass man sein Leben auch so schnell, wie es geht, hinter sich bringen sollte. Auch auf Erden kann man erlöst werden – zumindest von jenemTempo, das die weltliche Erlösung verhindert. Die schnellsten Wege dazu sind, wie häufig, wenn es schnell gehen soll, Umwege, Umwege mit Namen „Geduld".

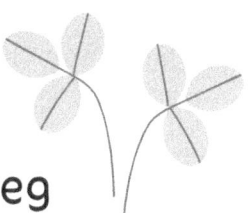

Königsweg Umweg

Der Klassiker des Umwegs ist die jüdische Geschichte vom Blinden und dem Schwan: *Der Rabbi hat sich zu einem blinden Säufer an den Tisch gesetzt und redet ihm gut zu: „Trink doch Milch!" Der widerständig-abwehrende Säufer fragt zurück: „Was ist Milch?" Der Rabbi: „Milch ist eine weiße Flüssigkeit." – „Nun, was ist weiß?", fragt der Blinde – „Weiß ist zum Beispiel ein Schwan." – „Ja, und was ist ein Schwan?" –„Ein Schwan, das ist ein Vogel mit einem langen krummen Hals." – „Gut, aber was ist krumm?" – „Krumm?", wiederholt der Rabbi und sagt: „Ich werde meinen Arm biegen, und du wirst ihn abgreifen. Dann weißt du, was krumm heißt." Der Blinde tastete langsam und sorg-fältig den aufwärts gebogenen Arm des Rabbis ab und seufzt dann resigniert: „Jetzt weiß ich, was Milch ist."*

Ja, wo kämen wir hin, wenn alle fragten, „wo kämen wir hin?", und niemand machte sich auf den Weg, einmal zu schauen, wohin man käme, wenn man sich nur trauen würde? Wo würden wir landen? Mit großer Sicherheit auf einem Umweg. Und was Besseres kann uns gar nicht passieren, es wär' unser Glück!

Der Umweg ist der Königsweg der Erfahrung, der Erkenntnis und auch der Sicherheit – das zumindest behauptet die Münchner Polizei. Sie empfiehlt – Anlass ist die hohe Zahl der zu Tode kommenden Fußgänger beim Überqueren der Straße – den Umweg über Ampeln und Zebrastreifen.

Es gibt nur einen kürzesten Weg zum Ziel, Umwege zum Ziel hingegen gibt es Tausende. Das Ziel bekommt man häufig erst dann zu Gesicht, wenn man zuvor den Mut aufbrachte, vom geraden Weg abzuweichen, oder auch mal umzukehren. Der Umweg ist der Königsweg der Erfahrung, der Erkenntnis, der Bildung und der Klugheit. Nur diejenigen, die keine Umwege scheuen, stoßen auf Unbekanntes und entdecken Unerwartetes. Umwege erhöhen die Erkenntnis, vor allem aber die Ortskenntnis. Das erfährt man, wenn man sich in einer fremden und auch in der eigenen Stadt oder Gegend verläuft oder durch eine Umleitung von der gewählten Route abgebracht wird. Es sind die Schleichwege, die Abweichungen, die kurvigen Pfade mit ihren umwegigen

Zufälligkeiten. „Ganz erstklassig ist nur das Hinzugege-bene. Alles Anzielbare und zweckmäßig Erreichbare ist zweiten Ranges." (Heimito von Doderer)

Umwege unterbrechen den Verlauf der Routinen und der Gewohnheiten. Sie schicken und leiten im Zickzack durch unbekannte Gefilde, Landschaften, Gedanken- und Erfahrungswelten. Mal zwingen sie zu einem unge-wohnten Blick nach rechts und links, mal zu einem nach oben und unten und ein andermal zu einem nach vorne oder zurück. Wer sich stets geradeaus bewegt, erlebt so wenig wie die Zeiger bei ihrem absehbaren Gang übers Ziffernblatt und noch weniger wie der Raser auf der Au-tobahn. Wer nach mehr Mannigfaltigkeit und Reichhal-tigkeit, nach Tiefgang und größerem Weitblick strebt, kommt ohne Umwege nicht aus. Vergessen lässt sich ohne Umwege, erinnern nur auf Umwegen.

Liebhaber der Umwege und des Umwegigen haben die Neugierde und die Überraschung als weibliche und das Staunen, das Wundern und das Verwundern als männliche Gefährten. Doch mit von der Partie sind sie nur, wenn man ihre Begleitung auch wünscht und tole-riert und sie zur gemeinsamen Reise ins Unbestimmte, Unsichere und Unbekannte einlädt. Nur dann ergibt sich die Gelegenheit, die Sicht auf die Dinge, die Gewohnheiten und zuweilen auch Meinungen und Vorurteile zu überprüfen und gegebenenfalls zu korrigieren.

Lernen, und in weit größerem Maße trifft das auch auf Bildung zu, geschieht auf Umwegen, denn, so der Schweizer Gelehrte Jacob Burckhardt: „Der Geist ist ein Wühler." Um Altes zu verlernen und Neues zu lernen, muss man immer wieder mal zurück und häufig zur Seite schauen, um zwischen Neuem und Altem, Unbekanntem und Bekanntem eine fruchtbare Beziehung herzustellen. Lernen erfolgt nun mal nicht gradlinig-linear auf Lernschnellwegen, deren Vorbild die Autobahn ist. Auf der Suche nach Neuem tastet man sich vorwärts, bastelt, zögert, stutzt, hält Erkenntnisse in der Schwebe, gerät auf Neben- und Abwege und folgt nicht dem Muster einer stetig steigenden Linie, sondern dem Vorbild des platzenden Knotens.

Es sind in aller Regel die Umwege, auf denen es uns „wie Schuppen von den Augen fällt". Das war auch so, als der Autor dieses Textes in seiner Heimatstadt den Weg zu seinem Ziel einmal verloren hatte und einen Passanten um Auskunft bat. Sein Hinweis leitete mich nicht nur zum Ziel, er wurde mir auch anschließend zur Richtschnur meiner Daseinsbewältigung. „Da gehn's immer grad' aus, aber a bisserl in Kurven."

Der Geist geht zu Fuß und zieht dabei am besten zwei unterschiedliche Stiefel an, einen Wander- und einen Unterwanderstiefel. Nur dem, der mit solch unterschiedlichem Schuhwerk auf den Umwegen des Alltäglichen unterwegs ist, öffnet sich eine neue Sicht auf die Welt und deren mannigfaltige Nebenwelten, ein Blick, der das Leben der Wanderer durch die Zeiten reicher macht, reicher an Erfahrungen, Erlebnissen und reicher an Erkenntnissen. Im Gedächtnis und in der Erinnerung bleiben vornehmlich Erlebtes, Erfahrenes, Erkanntes und Genossenes, auf das man nicht zielstrebig zugesteuert hat, bei dem man keine Ahnung hatte, was auf einen zukommt und erwartet. Das Wichtigste und das Wertvollste, das man im Leben gelernt hat, ist häufig nicht, was man sich zu lernen vorgenommen hatte, das Wichtigste und Wertvollste ist das, von dem man nicht wusste, dass man es nicht wusste und das man kennenlernen durfte, ohne zu wissen, dass es überhaupt existiert.

Allerdings: Man muss schon etwas tun, damit der Umweg zu einem Weg der Überraschungen, des neuen Blicks und der anregenden Erfahrung wird. „Etwas tun" heißt im

Fall des Umwegs vor allem: „etwas nicht tun". Ohne angemessenes Tempo, ohne Verzicht des Anspruchs, immer und überall Erster sein zu wollen, ohne Widerstand gegen den Druck, alle Zeit in Geld zu verrechnen, wird man die Umwege, vorausgesetzt man entdeckt sie, weder nutzen noch genießen können und auch nicht schätzen lernen. Voraussetzung dafür: der Mut, Zeitformen und Zeitqualitäten zu leben und zu pflegen, denen der Makel der „Verschwendung" anhaftet. Dazu zählen die Langsamkeit, das Trödeln, das Bummeln, das Schlendern, das Flanieren, das Warten, Abwarten und die Geduld. Sie erst machen den Umweg attraktiv, weiten den Blick, öffnen die Sinne, machen sehend, staunend und lassen Überraschungen zu. Warum eigentlich geradeaus, wenn's auch auf Umwegen geht.

Wir Zeitgenossen des beginnenden 21. Jahrhunderts sind, so sieht's zumindest aus, aller Wahrscheinlichkeit nach die letzten Menschen, die noch wissen, was es heißt, sich zu verirren. Google Maps und Google Earth und das geliebte Navi schaffen das Verirren ab. Auch zukünftige Generationen werden irren, sich verirren aber nicht mehr. Das ist ohne Verlust nicht zu haben, denn die sich Verirrenden entdecken die Welt und vieles, das man weder im

Reiseführer noch auf der Landkarte findet. Die zielgerichteten Wege elekronischer Wegweiser vermeiden es, durch mutwilliges Abschweifen, lustvolles Schlendern und planloses Herumfahren Seiten-, Neben- und Abwege auszukundschaften.

Trödeln, Schlendern, Bummeln, Flanieren, so heißen die wohlklingenden Begriffe, die auf Umwegen weiterführen. Heute findet man sie im Museum ausrangierter Zeitqualitäten oder, wie das orientalische Dösen, in verstaubten Regalen von vor der Schließung stehenden Kolonialwarenläden. Die heranwachsende Generation kann, wenn überhaupt, nur noch wenig mit diesen Zeitqualitäten anfangen. Ebensowenig wie mit dem „Schlendern", das im Grimmschen Wörterbuch beschrieben ist als „ein behagliches, lässiges Gehen, oft mit dem Nebensinn des Sorglosen oder Ziellosen." Wollen wir wirklich auf „sorglose und ziellose" Zeiterfahrungen verzichten? Oder das Schlendern als Zeitverschwendung diskriminieren? Nein, schlendern Sie mal wieder, sorglos und ziellos, auf Um-, Ab- und Nebenwegen. Vielleicht landen Sie ja dann an jenem Ort des Glücks und der Zeitzufriedenheit, wo sie bei einem Gespräch über die Zeit, die Sie nicht haben, die Zeit vergessen.

Vom Schmecken und Genießen

Zwei Sterne weisen den Weg: „Eine Spitzenküche – einen Umweg wert!", lautet die Empfehlung eines beliebten roten französischen Hotel- und Restaurantführers, um Autofahrer zu einem guten Essen in ausgesuchte Gaststätten zu locken. Genießer fahren Umwege, weil der Genuss auch den Umweg braucht. Genießer, Feinschmecker und Liebende wissen um diesen doppelten Genuss umwegiger Annäherung.

Jeder Genuss, alles Genießen und das glückliche Leben auch, brauchen Zeit. Zeit, die man den Dingen und den Ereignissen einräumt, zubilligt und gönnt. Man wird dafür belohnt.

Schönheiten und Genüsse erschließen sich nicht den Eiligen, den Tempomachern und Gestressten. Sie lüften ihre Geheimnisse nur den Beharrlichen, den Hartnäckigen, den Zögerlichen, Geduldigen und Standhaften, nur denen, die es langsam angehen lassen. Freunde des Genießens wissen um die Belohnung, die auf sie wartet, wenn sie langsam sind, wenn sie zögern und öfters auch mal innehalten. Nur wer warten und abwarten kann, in der Lage ist, sich Personen, Sachen und Dingen konzentriert zurückhaltend anzunähern, hat Chancen, auf den Geschmack zu kommen, und Gelegenheiten zum Genuss. Den langsam Machenden allein erschließt sich die Fülle der reichen und abwechslungsreichen Geschmacksvarianten reicher Genusswelten. Den Gehetzten, den Fixen und den Hurtigen aber bleiben die Komfortzonen des guten Geschmacks und der Sinnenfreuden verschlossen. Ihnen schmeckt alles gleich. Eine bedenkliche Tatsache, die die Autoren des „Handbuch des guten Tons" – das ist der modernisierte „Knigge" – zur Klage veranlasst: „Es wird zu hastig gegessen, zu wenig gekaut und somit geschlungen." Diese Unart scheint heute verbreitet zu sein, hört man doch am Familientisch häufig die Mahnung: „Bitte iss doch etwas langsamer!" Sie zählt zu jenen Appellen, deren Schicksal es ist, in relativ kurzen Abständen wiederholt werden zu müssen.

Geschmack und Genuss, und das gilt in erster Linie für deren Entwicklung und Kultivierung, sind auf bestimmte Zeitbedingungen und Zeiterfahrungen angewiesen. Friedrich Schlegel schreibt: „Nur mit Gelassenheit und Sanftmut, in der heiligen Stille der Passivität kann man sich an sein ganzes Ich erinnern und die Welt und das Leben anschauen" (Lucinde).

Genießer und Genussfähige wissen sehr wohl, dass ein schneller, ein beschleunigter Wein kein guter Wein, ein an einer Provinztankstelle aus dem Automaten gedrückter Kaffee im Styroporbecher kein wohlschmeckender, ein schnell gereifter Turbokäse kein köstlicher Käse sein kann, und dass ein erstklassig schmeckender Schinken zu seiner Reifung nicht mehr Zusätze benötigt als Geduld, Zeit und Meersalz. Je langsamer das Salz in den Schinken eindringt, umso zarter und aromatischer das Endprodukt. Das aber schmeckt man nur, wenn auch beim Verzehr nicht aufs Tempo gedrückt wird. Dies bestätigt auch ein vielfach ausgezeichneter Münchner Gastronom: „Wer gestresst aus einer unangenehmen Sitzung rauskommt und dann essen geht, wird wahrscheinlich keinen tollen Abend haben, da kann man servieren, was man will."

Nur wer dem Leben, den Lebensmitteln und sich selbst Zeit gibt und lässt, darf auf Glückserfahrungen eines genussreichen Wohlbehagens hoffen. Das gilt vor allem für Alltagsprodukte wie Nudeln, vorausgesetzt man legt Wert darauf, dass sie nicht nur satt machen, sondern auch schmecken. Wirklich gute Nudeln brauchen bis zu 50 Stunden zum Trocknen. Die aber gönnt man ihnen heute nur mehr in Ausnahmefällen. Das ist ein Schicksal, das sie, was den Prozess der Reifung betrifft, mit dem in Supermarktregalen ausliegenden Gemüse und Obst teilen. Schnell wachsende und noch fixer reifende, geschmacksneutrale Sorten und Arten dominieren das Angebot.

Es ist nun mal kein Zufall, dass die Kultur des Essens und des Trinkens an Orten entstand und sich dort auch entfaltete, wo Ruhe und Beschaulichkeit, rhythmisches Tun und Lassen und ein Leben mit der Schöpfung zu Hause sind – hinter Klostermauern. Augustinus, einer der Kirchenväter und Gründer eines Klosters, der an der Epochenschwelle von der Antike zum Mittelalter lebte, machte darauf aufmerksam, dass die Dinge ihre wahre Natur erst in den Augenblicken und an jenen Orten entfalten, wo man sie mit Geduld genießt. Sie entfalten sich nicht, so Augustinus, und verkümmern, wenn man sie ausschließlich nutzt und gebraucht. So ist es denn auch kein Wunder, dass der Champagner wie auch die grandiosen, herrlichsten Weine, das beste Bier und die köstlichsten Käse von Nonnen und Mönchen an Orten der gezügelten Gärung, der maßvollen Dosierung und der natürlichen Reifung „erfunden" wurden.

Das wusste auch der Großmeister aus Weimar. In einer ungleich gemächlicheren Zeit als der heutigen klagte er über die fehlende Geduld, das zu hohe Tempo und den Verlust der sinnlichen Erfahrung: „Einer eingepackten Ware gleich schießt der Mensch durch die schönsten Landschaften. Der Duft der Pflaume ist weg" (Goethe). Ohne Ausdauer, Geduld und Beständigkeit kein „Duft der Pflaume", kein Geschmack eines Apfels, kein Genuss eines Weines. Geschmack, auf was er auch immer ausgerichtet sein mag, ist stets eine Frage der Zeit. Zeit, die man den Dingen und den Erfahrungen gibt und den Zeiten, die sie jeweils verlangen. Es gibt nun mal, geht's ums Genießen, keine Abkürzung, nur Umwege. Das trifft auf die Poesie nicht weniger zu wie auf die bildende Kunst, ist bei der Kochkunst und beim Essen der Fall, und ist auch bei der Liebe, der Schönheit und der Klugheit so.

Allein, die Gelegenheiten des Genießens werden immer rarer. Nur mehr vier Minuten und 17 Sekunden gestattete die Londoner National Gallery dem einzelnen Besucher beim Anschauen der Bilder in ihrer großartigen Leonardo da Vinci-Ausstellung, dann hieß es unweigerlich: „Bitte weitergehen." Mehr als ein Speed-Dating mit dem größten Künstler der Renaissance war da nicht drin. Sehend und klug wird man so nicht. Weil man es nicht schnell wird. Mit der Machtübernahme des „Sofortismus" breitet sich die „Kultur der Ungeduld", einem Flächenbrand gleich, auf das Zeit- und das Genussleben im Alltag aus. Die Sinnenfreude und der Genuss werden schal, die menschlichen Beziehungen oberflächlich und flüchtig, die Liebe erkaltet, die Landschaft wird langweilig, Erfahrungen werden öde und uninteressant.

Zeit für Liebe, Zeit für Freundschaft

Das den Menschen täglich abgeforderte Rekordtempo, Hast und Schnelligkeit werden in Situationen nachteilig und destruktiv, in denen man sich Partnern, Freunden, Kindern, eigenen genauso wie fremden, aber auch der Natur und den Dingen des Alltagsgebrauchs langsam, achtsam und in aller Ruhe anzunähern bemüht. Nahe kommt man seiner sozialen Mitwelt und seiner Umgebung nur Schritt für Schritt, in zuwartender, sich geduldender und feinfühliger Haltung. Und nur auf diese Art und Weise besteht die Chance, sie lieb zu gewinnen. Die Immerzu-Schnellen, die Ruck-Zuck-Hektiker und die Sofortisten bleiben einsam, haben keine Freunde und kommen sich über kurz oder lang selbst abhanden. Auch um sich selbst zu begegnen, braucht man Zeit, benötigt man Fähigkeiten zur Geduld, langsamer Annäherung und Zuneigung. Zufrieden machende und zufriedenstellende, übers Oberflächliche hinausgehende Beziehungenverlangen, dass Partner sich in der Zeit verlieren, oder noch besser, sie vergessen können. Nur wenn sie das können, haben sie Chancen, sich ohne Erschrecken zu begegnen, auf Mitmenschen und auf sich selbst zu treffen.

Wie der Genuss vor allem eine Frage der Zeit ist, so sind das auch jene Nahbeziehungen, die wir Liebe und Freundschaft nennen. Die Zeitqualitäten, die die Zugänge zu einem an Genüssen reichen Dasein öffnen, und die, die das Substrat für Liebesverhältnisse und Freundschaft bilden, ähneln sich. Ohne Langsamkeit, ohne Wartenkönnen, ohne Innehalten, ohne Achtsamkeit kein gelingendes Familienleben. Für die Befriedigung ihrer sozialen Bedürfnisse und Sehnsüchte brauchen die Menschen ein zeitliches und räumliches Umfeld, das ihnen die Chance gibt, mit geduldig abwartendem und offenem Blick auf ihre Mitmenschen zuzugehen.

Die Qualität zwischenmenschlicher Beziehungen ist in erster Linie eine Frage des Tempos, der Geschwindigkeit des Blicks und der der Annäherung. Wo Langsamkeit, Abwarten, Geduld und Gelassenheit keine Chance haben, herrschen Kälte und Distanz, die einsam machen.

Ob man liebt und wirklich geliebt wird, das lässt sich nicht bei einem Speed-Dating, das auf Zeitverknappung aus ist und die Liebe auf den ersten Blick als Zeitersparnis feiert, erfahren. Auf Zeitersparnis zielen auch „Briefings", die sich Führungskräfte zumuten, obgleich sie im Anschluss an solche Kurzanweisungen Wahres von Falschem, Gutes von Schlechtem, Schönes von Hässlichem nicht mehr zu unterscheiden wissen. Wie das Augen-Blicks-Geschehen der Liebe geht auch die Aneignung von Erkenntnissen nicht ohne Geduld, ohne zögerliche Annäherung und langsames Begreifen. Hast und Hektik sind die Feinde echter Beziehungen. Sie rauben die Fähigkeit zu tiefem Erleben und Fühlen. Wo man die Zeit, die man mit Mitmenschen verbringt, nach Zeit-ist-Geld-Kriterien bewertet, dominieren Konkurrenz, Lieblosigkeit und Oberflächlichkeit.

Seit den lang vergangenen Tagen, als die Menschen sich entschlossen hatten, über ihr Dasein und dessen Gestaltung nachzudenken, es in die eigene Hand zu nehmen und sich Gedanken zu machen, wie sie ihre Lebensverhältnisse verbessern könnten, seit dieser Zeit weiß man, dass es das schnelle Glück nicht gibt. Keine der vielen Zeit-ist-Geld-Schnellstraßen führen in die arkadischen Gefilde der Besinnung, der Muße und der Liebe zurück. Vielmehr gelangt man auf ihnen zu den vom Eilteufel gerittenen Selbstanpreisungs-Kennenlern-Events, die als „Speed-Dating" jüngst Karriere gemacht haben. Speed-Dating ist das dem Prinzip „Schnellimbiss" abgeschaute paradoxe Arrangement, bei dem sich die Beteiligten wenig Zeit nehmen, um herauszufinden, ob sie sich gemeinsam mit anderen Teilnehmern mehr Zeit nehmen möchten. Das kann nicht funktionieren, vor allem nicht, wenn es zu mehr als zu Blitzkontakten führen soll. Statt zaghafter Annäherung Ruck-Zuck-Verkehr im Minutentakt, statt umwegiger Distanzreduktion fixe Optionsmaximierung, statt erotisch aufgeladener Nervosität kühl kalkulierende Taxiererei. Der beim Speed-Dating praktizierte Partnertausch im Fünf-Minuten-Takt ist, wie auch die Fünf-Minuten-Terrine aus dem Büroflur-Automaten, Produkt eines geschmacksfernen Nützlichkeitsdenkens und eines am Profit orientierten Beschleunigungsmanagements. Wahre Freundschaft, wirkliche Liebe und tiefe Zuneigung sind nur jenseits „vernutzter" Zeitverwertung möglich. „Liebe ist ewige Gegenwart" (Stephan Zweig), ist Vertrauen aufs Zufällige und Überraschende. Nützlichkeitserwägungen und strategisches

Aufeinanderzugehen lassen Beziehungen scheitern, es sei denn, es geht um geschäftliche Bündnisse. Liebe und wahre Freundschaft verlangen, dass man den anderen um seiner selbst willen wahrnimmt, akzeptiert und mag, und nicht, weil die Beziehung einen Vorteil oder einen materiellen Gewinn abwirft. „Liebst Du mich?" „Ja, aber ich habe nur wenig Zeit!" Ein Dialog, der nur am Ende, nicht am Anfang der Liebe möglich ist. Ohne Zeit keine Liebe. Denn der Umweg ist aller Liebe Anfang.

Versucht man sich lieben Menschen und schönen Dingen zu nähern, geht's nicht ohne Geduld und Gelassenheit und manchmal auch nicht ohne das, was die Generation Facebook „Coolness" nennt. (Der Altersabstand des Autors dieser Zeilen zur Smartphone-Generation verhindert genauere Auskünfte.) Von keinem Schriftsteller ist das sensibler beschrieben worden als von Saint-Exupery in dessen so liebenswerter wie beliebter Erzählung vom kleinen Prinzen: *„Du musst sehr geduldig sein. Du setzt Dich zuerst ein wenig abseits von mir ins Gras. Ich werde Dich so verstohlen, so aus den Augenwinkeln anschauen, und Du wirst nichts sagen ... Aber jeden Tag wirst Du Dich ein wenig näher setzen können ... "*

Nicht nur Freundschaften und Liebesbeziehungen

beginnen mit solch erwartungsgeladenen Unaufdring-
lichkeiten, auch die eine oder andere geschäftliche oder
juristische Vereinbarung hätte es schwer oder gleich
gar keine Chance, ohne vorsichtige Annäherung, ohne
zögernde Kontaktaufnahme zustande zu kommen. Erst
recht trifft das auf ein Familienleben zu, das die Erwartungen der Zufriedenheit und Harmonie erfüllt. So wie
Liebe heißt: Zeit verlieren. Eine Familie, die man eine
„gute" nennen kann, besteht aus gutem „Zeitverlieren".

Geachtet werden die Schnellen, geliebt aber die Langsamen. Beliebt sind die, die willens, entschlossen und
fähig sind, das Tempodrom der alltäglichen Hetze, die
Autobahnen des Daseins zu verlassen. Kommen Liebende nicht vom Schnellweg ab, bleibt ihre Liebe auf
der Strecke. Liebe ist planlos, ist zeitlos. Existieren und
sich entwickeln kann sie sich nur jenseits der Uhr. „Müßiggang", so Christa Wolf, „ist aller Liebe Anfang." Es
gibt kein Navigationsgerät, das den kürzesten Weg zu
ihr zeigt, keines meldet das Erreichen gemeinsamer Zuneigung mit dem Hinweis: „Sie haben Ihr Ziel erreicht."

Liebe hat kein Tempo – aber viel Zeit. Liebe ist
Zeitvergessenheit, Arbeit ist Zeitversessenheit. Eine
Schwester der Liebe ist die Muße. Beide verbindet ein

dem Augenblick zugewandtes Zeitleben und ebensolches Zeiterleben und bei beiden ist es ohne Belang, ob die Uhrzeiger auf fünf vor zwölf oder auf zwölf vor fünf stehen. „Liebe hat Zeit. Sie liebt mit langem Atem", lehrt Paulus den Korinthern. Die Liebe, und darin gleicht sie dem auf Ewigkeit zielenden Glück, ist ein Kind verfügbarer Zeit, über die nicht verfügt wird. Tempo, Beschleunigung und geldwerte Zeit sind ihre Sache nicht. Nur in blühenden Zeitlandschaften, im Zustand unbeschwerter Seinsvergessenheit gedeiht und blüht sie. Die Liebe hasst die Eile, in jedweder Form. „Läufst du zu rasch, erreichst du das Ziel nicht" (Jesus Sirach 11,10).

Time is honey

Die Liebe findet man nicht mit dem Kalender in der Tasche und auch nicht mit der Uhr am Handgelenk. Sie hat kein Tempo – aber sie hat viel Zeit. Die Zeit der Liebe ist die liebe Zeit.

Wer die Liebe gewissenhaft plant, vernichtet die glücklichen Momente des Lebens zugunsten liebloser Erfolgserlebnisse. Liebe entwickelt sich nur in solchen Situationen, die von fixierten Erwartungen nicht einengend vorstrukturiert sind, die sich von der Zeit tragen lassen. Der Platz der Liebe ist abseits der Verwertung von Zeit. „Wenn man eine Frau liebt, misst man nicht Länge und Umfang ihrer Beine" (Picasso) – und am besten vergisst man auch seine Uhr …

Die Liebe besitzt man nicht, man lebt sie, und man wird durch sie lebendig; sie lebt vom Zufall und liebt den Zufall. Der sicherste Weg, die Liebe zu verfehlen, ist die Absicht, sie zu wollen. Nur als Ungesuchte findet sie sich ein. Steuert man direkt und planvoll auf sie zu, verkommt sie zur spießbürgerlichen Orgie. Der gerade, der kürzeste Weg mag uns zu Maximalleistungen führen, der Liebe bringt er uns nicht näher. Liebe ist eine Verbindlichkeit, die man auf Umwegen und durch die Nähe zum Zufall erreicht. Kommt man dabei nicht vom Weg ab, bleibt man auf der Strecke.

Als „Einheit von Moment und Dauer, als Paradoxie des Augenblicks mit Ewigkeitswert" (Luhmann) lebt die Liebe von der Widersprüchlichkeit und insbesondere von der Vielfalt der Zeitformen. Man muss Zeit „verlieren", d. h. nur jene Stunden zählen, die nicht gezählt werden. Man muss sich in die Situation zeitloser Zeit-Verschlungenheit begeben ...

Nichts Liebevolles kann sich innerhalb der Alltagshetze und der täglichen Abwicklungshast eines Lebens auf die Minute entwickeln. Die „schnelle Liebe", die es ja auch gibt und die unmittelbaren Zwecken dienstbar ist, findet man bezeichnenderweise meist dort, wo auch sonst der Verkehr in beschleunigter Form abläuft – bevorzugt in der Nähe von Bahnhöfen. Eile kostet Kraft und lenkt ab – und das ist das Gegenteil dessen, was Liebe benötigt. Lieben heißt geduldiges An-sich-herankommen-Lassen und langsames Herankommen. Nur so lässt sich die Würde des Erlebten, die Substanz der Liebe bewahren. Und dies gilt auch für die Liebe zu den Dingen – so z. B. für die intensive Beziehung, die man zu einer in Lindenblütentee getunkten „Madeleine" zu entwickeln imstande ist.

Die Liebenden müssen die Zeit zu einem spielenden Kind machen; ein Kind, das die soziale Ordnung um es herum und die anerzogenen Pflichten vergisst. „O Muse, du hast mein Herz berührt / Mit einem Liebeshauch", dichtete Mörike „Auf einer Wanderung".

Geliebt werden einzig diejenigen, die frei von Absichten Zeit haben zu lieben. Und geliebt wird einzig nur dort, wo man sich zeitvergessen geben darf und dafür belohnt und nicht – wie sonst so häufig – bestraft wird. *Time is honey.*

Krieg ist schnell, Frieden langsam

Längst hat uns das, was wir einst beschlossen haben „Fortschritt" zu nennen, vergessen lassen, dass es vor allem Langsame, Bedächtige, Zauderer und Zögerliche waren, die die Menschheit vor Unglück, Leid und Zerstörung bewahrt und, was ihre Zivilisierung angeht, weitergebracht haben. Die Geduldigen, die warten und abwarten konnten, und zuweilen auch einfach zu faul für Kriege waren, haben uns so manchen Konflikt und eine Menge Streiterei erspart. Die Langsamkeit ist eine weithin unterschätzte, positiv einzuschätzende historische Kraft. Schnelligkeit hingegen ist oftmals gewalttätig, zerstörerisch, zersetzend. Sie ist blind fürs Detail, für Nahes und Naheliegendes. Der Ausdruck „geschwind", so der lehrreiche Hinweis im Grimm'schen Wörterbuch, stammt aus dem Umfeld des Kriegerlebens. Verwunderlich ist es daher nicht, dass die Faschisten Italiens und

Deutschlands, die sich dem Wahn verschrieben hatten, keine Zeit verlieren zu dürfen, die Schnelligkeit zu einem Kult gemacht haben. Die katastrophalen Erfahrungen mit dem größten Beschleuniger aller Zeiten, der es hinbekommen hat, das von ihm ausgerufene „Tausendjährige Reich" in zwölf Jahren abzuwickeln und dabei die Welt an den Rand des Untergangs zu führen, sollte Mahnung genug sein, den Fortschritt nicht ausschließlich da zu vermuten und zu suchen, wo aufs Gaspedal gedrückt wird.

Die Langsamkeit ist eine Produktivkraft. Sie ist es in der Natur und deren Rhythmen, und sie ist es auch bei der Zivilisierung und Kulturalisierung der Völker dieser Erde. Keine Freiheit des Denkens, des Fragens und des Handelns ohne Geduld, Beharrlichkeit, Langmut und Besonnenheit. Frei dürfen und können sich nur Männer und Frauen fühlen, die sich Zeit lassen und die sich Zeit nehmen und lassen dürfen.

Dem Frieden, dem Schönen und dem Guten nähert man sich nicht schnell und nicht gradlinig. Den schnellen und geraden Weg hingegen wählt das zerstörerische Geschoss. Weder Versöhnung noch Aussöhnung und auch keine Verständigung ohne Seiten-, Ab- und Umwege. Auch dies eine schmerzliche Lektion, die bewaffnete Konflikte den Menschen sowohl in der Vergangenheit als auch in jüngster Zeit erteilt haben. Schnelle Wege zu konfliktfreiem Zusammenleben gibt es so wenig wie Abkürzungen. Wie lebendige Demokratien sind Gewaltlosigkeit und Toleranz nur auf verschlungenen Pfaden und kurvigen Wegen zu erreichen. Auch deshalb sollten Eltern weniger häufig, als sie es bedauerlicherweise tun, zu ihren Kindern „Macht schnell!" sagen.

Schnell ist der Krieg, langsam der Frieden. Einen Streit lostreten ist einfach und geht rasch, ihn zu beenden braucht Zeit und dauert seine Zeit. Es ist eine nicht schnell erlernbare „Kunst". Ungezählt, nicht untersucht und selten in Geschichtsbüchern vermerkt, sind die vielen Streitigkeiten, Zerwürfnisse, Auseinandersetzungen und auch Kriege, die aus Zögerlichkeit, Langsamkeit, Unterlassen und auch aus Faulheit erst gar nicht zustande gekommen sind. Kriegerdenkmäler zuhauf, aber kein Denkmal weit und breit, das an die großen friedensstiftenden Helden der Zurückhaltung, der Unaufdringlichkeit und des Unterlassens erinnert.

Laster sind schnell, Tugenden langsam. Ruhig und geduldig sind die Friedfertigen. Streitsüchtig, laut und hektisch die Aufdringlichen und Fixen. Ohne nicht beschleunigbare Zeiten keine Versöhnung, keine Verständigung, keine Freundschaft, kein Atemholen. „Wenn die Dinge", schreibt Milan Kundera in seinem Roman Die Langsamkeit, „zu schnell geschehen, kann man sich über nichts mehr gewiss sein, über gar nichts, nicht einmal über sich selbst." Denn, so notiert er an anderer Stelle: „... der Grad an Geschwindigkeit verhält sich direkt proportional zur Intensität des Vergessens."

Wird in der Politik pausenlos aufs Tempo gedrückt und stehen Entscheidungen immerzu unter Zeitdruck, liegt der Verdacht nahe, dass die Demokratie geschwächt und ihre Entscheidungs- und Kontrollorgane entkräftet werden sollen. Der große Philosoph Noberto Bobbio sagt, wie's anders geht: „Verstehen, bevor man diskutiert, diskutieren, bevor man urteilt, und urteilen, bevor man handelt." Man kann schnell sein und kann Kultur haben, aber beides zugleich kann man nicht haben. Denn „nichts", so eine Publilius Syrus zugeschriebene Maxime aus vorchristlicher Zeit, „kann gleichzeitig hastig und klug erledigt werden."

Es ist wieder mal an der Zeit, gegen den Zeit- und Beschleunigungsdruck der Ökonomie, vor allem gegen die Dramatisierung der Eilbedürftigkeit seitens der Finanzmärkte, die Stimme zu erheben und das Loblied des geduldigen Suchens nach Lösungen anzustimmen. Es gibt Zeiten, und oftmals sind das die schönen und lebenswerten, die sich auszahlen, obgleich und weil sie sich nicht rechnen – während sich andere wiederum rechnen, aber nicht auszahlen. Fürs gute Leben gilt: Die Stunden, die zählen, sind die Stunden, die nicht gezählt werden.

Unsere Großeltern wussten: Nur langsam kommt man zu Sinnen, da den Schnellen das Hören und Sehen vergeht. Die umtriebigen Macher, die gehetzten Hörer und Zuhörer und die hastig Essenden und Trinkenden müssen auf das Unerwartete, Unerhörte und Ungehörte genauso verzichten wie auf alles Überraschende. So wenig wie Schnelle und Eilige im Stande sind, die Tiefen der Erfahrung auszuloten, so wenig Spuren hinterlassen sie bei ihren Auftritten und Begegnungen. Ohne „Geduld zur Sache" (Adorno) und ohne „Gelassenheit zu den Dingen" (Heidegger) bleiben Unterscheidungsvermögen, Urteilsfähigkeit und Erkenntnisvermögen unentwickelt. Ohne Geduld, ohne Beharrungsvermögen, ohne Zögern, ohne den Willen zur Langsamkeit keine Selbstsicherheit, keine Standhaftigkeit; unausgebildet bleiben die Fähigkeiten zum Widerstand, die zur Abwehr ungerechtfertigter Zumutungen und die zu Beharrlichkeit, zum Ausharren und Durchhalten. Freiheit, mahnte Nietzsche die „Legionäre des Augenblicks", nicht mit Raserei und Flexibilität zu verwechseln, denn: „Bei der ungeheueren Beschleunigung des Lebens wird Geist und Auge an ein halbes oder falsches Sehen und Urteilen gewöhnt."

Wo Langfristiges, Dauerhaftes, Stetiges und Komplexes der Geschwindigkeit geopfert und im Seitenaus entsorgt wird, stellt sich wieder die Frage von Karl Kraus: „Was nützt Geschwindigkeit, wenn der Verstand unterwegs ausläuft?".

Im Jahr 1850, der Telegraph war soeben erfunden und als Fortschritt groß gefeiert worden, klagte ein amerikanischer Journalist im „Atlantic Monthly": „Die rasende Geschwindigkeit, mit der wir darum kämpfen, jede Meldung als Erster zu haben, führt zur Abschaffung abwägenden Urteilens. Wir finden keine Zeit mehr, unter die Oberfläche zu gelangen, und haben auch gar nicht mehr das Verlangen danach." Eine hochaktuelle Diagnose in einer Welt, in der mehr denn je kommuniziert wird, die Menschen sich aber immer weniger zu sagen haben.

Brüderlichkeit und Barmherzigkeit

Der Volksmund, oft klüger als Volkes Stimme, behauptet, die Eile verderbe den Charakter. So ist es in der Tat. Sie verdirbt nicht nur den Charakter, sie ruiniert, wie Sorgen das auch tun, das Dasein. Häufiger, als man es sich gemeinhin eingesteht, kollidiert die Schnelligkeit – gleich ob man sie sich selbst verordnet oder sie aufgezwungen bekommt – nicht nur mit den Regeln der Vernunft und den Konventionen der Höflichkeit, sondern auch mit den ethischen Prinzipien der Barmherzigkeit. Es sind die Langsamen, nicht die Schnellen, die für die am Straßenrand kauernden Bettler und Verarmten ein Herz und oftmals auch ein Geldstück übrig haben. Für die Eiligen, die Gehetzten und Geschwinden sind die Bedürftigen am Rande der Gesellschaft meist nur eine unliebsame Irritation, die sie von ihrem gehetzten Dauerlauf durch den Alltagsbetrieb abhält. Ihr Anblick stört sie bloß, und es wäre ihnen lieber, sie gar nicht zu Gesicht zu bekommen.

Eile, Hetze und Zielstrebigkeit machen taub, blind, hartherzig und unsozial. Zu diesem Ergebnis kommt auch ein originell angelegtes Experiment, das es lohnt, beschrieben zu werden. Man muss dazu eine Reise über den Atlantik an die berühmte Princeton Universität im Osten der USA machen. Dort gaben im Rahmen eines inzwischen weltweit Aufsehen erregenden Versuches die beiden Wissenschaftler John Darley und Dan Batson Theologiestudenten, die sie unterrichteten, den Auftrag, in einem wenige hundert Meter vom Hauptgebäude der Fakultät entfernt liegenden Nebentrakt vor Kommilitonen ein Referat über das Gleichnis vom barmherzigen Samariter zu halten. Eine Untergruppe der am Versuch beteiligten Studenten wurde instruiert, sich auf ihrem Weg zum Vorlesungsgebäude bitte zu beeilen, da ihre Kommilitonen dort bereits auf sie warten würden. Eine zweite Gruppe Studierender hingegen wurde informiert, dass sie sich für den Weg zum Nebengebäude genügend Zeit nehmen könnten. Alle an dem Experiment beteiligten Versuchspersonen kamen bei ihrem Gang über den Campus an einem Seitenweg vorbei, auf dem ein am

Boden liegender, sich vor Schmerzen krümmender, offensichtlich schwer verletzter Mann lag (der in Wahrheit ein Schauspieler war). Die große Mehrheit der von ihren Professoren unter Zeitdruck gesetzten Studenten stoppte für einen kurzen Augenblick, sah kurz zu dem Verletzten hin, um dann rasch weiterzuhasten. Ganz anders hingegen die von den Versuchsleitern nicht unter Zeitdruck gesetzten Studierenden. Diese stoppten mehrheitlich ihren Lauf, wichen vom Weg ab, gingen zu dem Verletzten hin und boten ihre Hilfe an.

Erschütternder noch als die verweigerte Hilfeleistung der Eiligen ist der Sachverhalt zu bewerten, dass es sich dabei um Studenten der Theologie handelte, die über das Gleichnis vom barmherzigen Samariter vortragen sollten. Eile, so die traurige Lehre des aussagekräftigen Experiments, macht Menschen unbarmherzig, unsensibel, hart und rücksichtslos. Was sich links und rechts des Weges abspielt, wird von den Hastigen, den Fixen und Schnellen ignoriert oder weggedrängt. Alles, was den Weg zum Ziel aufhalten könnte, wird dem Blickfeld entzogen, wird bewusst übersehen oder beiseitegeschoben. Die Opfer solch hartherzigen Verhaltens heißen Mitmenschlichkeit, Solidarität, Humanität und Brüderlichkeit.

Was das geschilderte Experiment demonstriert, geschieht in unserer Gesellschaft breit akzeptiert durch das Abdrängen der Langsamen in Altersheime, Sonderschulen und Behinderteneinrichtungen. Autogerechte Kommunen haben wir im Überfluss, rollatoren- und rollstuhlgerechte gibt es nicht. Dauerhaft ist die Ausgrenzung der Langsamen und die des Langsamen der Tod jeder Gemeinschaft. Schnelligkeit nämlich lenkt von den wirklich wichtigen Dingen des Lebens ab. Sie ist eine „fortwährende Ablenkung, die nicht einmal zur Besinnung darüber kommen lässt, wovon sie ablenkt" (Franz Kafka).

Sonntag – der Lattenzaun der Zeit

„Gott hat die Zeit erschaffen, der Teufel die Hetze und die Eile." Stimmt, was das Sprichwort behauptet, dann ist die Zeitnot nicht nur von Übel, dann führen wir eine geradezu teuflische Existenz. Wir leben in verteufelt schnellen Zeiten, sechs Tage die Woche. Der siebte, der letzte weniger schnelle Tag soll jetzt auch noch dem Teufel geschenkt werden. Das steht zur Debatte. Der Sonntag soll als besonderer Tag, als Zeitoase abgeschafft werden. Das wird nicht erstmalig versucht.

Da kann es nicht schaden, sich jenes Realexperiments zu erinnern, das 1914 in England in Gang gesetzt wurde. Die Briten befanden sich in dieser Zeit, wie annähernd ganz Europa, im Krieg. Zur Steigerung der Kriegsproduktion beschlossen der Industriellenverband und die Regierung, die Bänder in den Fabriken auch sonntags laufen zu lassen. Eine Maßnahme, die nicht wie erwartet erfolgreich war. Das Gegenteil des Angestrebten trat ein: Die Menge an Gütern sank, die Leistungsbereitschaft der Arbeitenden nahm ab, die Zahl der Fehler und die der Störungen im Betriebsablauf stieg an. Konsequenz: Das Experiment wurde postwendend abgebrochen. Man kehrte nach der „Schnellentsorgung" des Sonntags umgehend wieder zum traditionellen Wochenrhythmus und dem geregelten Wechsel von Arbeit und Ruhe zurück.

Die Lehre aus dem gescheiterten Realexperiment ist deutlich. Sie lautet: Die Arbeitsleistung, gemessen an der Produktionsmenge, ist nicht nur vom Sachverhalt abhängig, wie lange gearbeitet wird, sondern auch davon, wie lange nicht gearbeitet wird. Wer den Output erhöhen, die Mitarbeiter leistungsbereiter machen und den Betriebsablauf weitestgehend frei von Störungen halten will, ist gut beraten, zumindest einen Tag in der Woche zum kollektiven „Ruhetag" zu erklären. Alle Versuche, diesen Sachverhalt zu ignorieren und die Arbeitskraft der Menschen auf Daueraktivität hin zu programmieren, sind bisher gescheitert. Auch in naher Zukunft wird sich dies nicht ändern.

Christen ist das nicht neu. Vorbild ist die biblische Schöpfungsgeschichte. Gott schuf – auch im christlichen England war das 1914 bekannt – die Welt in sechs Tagen, um am siebten dann zu ruhen. Nicht aus Erschöpfung, sondern wegen der Schöpfung. Am siebten Tag hat Gott sich einen Tag Zeit genommen, um den Rhythmus von Aktivität und Passivität, von Tun und Lassen, Anfangen und Beenden zu erschaffen. Exegeten sehen im biblischen Schöpfungsbericht einen Hymnus, der den Sabbat begründet. Nicht mit einem Tastendruck, sondern mit der Proklamation eines Ruhetags vollendete Gott sein großartiges Schöpfungswerk. Der werktätige „Gott" hat, um sicherzugehen, dass ihm das, was er auf den Weg gebracht hat, auch gelungen war, eine Pause gemacht, um mit kritischem Blick auf dies zu schauen, was bei seinem Tun herausgekommen ist.

Der besondere, der herausgehobene Tag der Woche, den christlich geprägte Kulturen auf den Sonntag legten, ist die produktive Lücke im Getriebe, die die Menschen und ihre Gemeinschaften zur Besinnung bringt und dem sozialen Leben einen Rhythmus verleiht. Der arbeitsfreie Sonntag ist der Zwischenraum, der dem Dauerlauf durchs Leben Einhalt gebietet und freie Sicht auf jene Dinge zulässt, an denen der gehetzte Mensch im Arbeitsalltag vorbeiläuft. Auch hier gilt wieder Christian

Morgensterns schönes Loblied auf den Durchblick gewährenden Zwischenraum im Lattenzaun.

Ohne einen qualitativ besonderen Wochentag hätte die Woche ihren Sinn verloren, gäbe es sie nicht. Die Idee, den Monat in kleinere zeitliche Sequenzen zu unterteilen, ist 5000 Jahre alt. Entwickelt und erstmalig erprobt haben sie die Bewohner des Zweistromlandes. Um ihre sozialen Lebensverhältnisse zu verbessern, versammelten sie sich regelmäßig zum Austausch, zur Organisation gemeinsamer Initiativen und Aktivitäten, und da das menschliche Handeln Grenzen hat, auch um gemeinsam die Götter anzurufen, damit sie günstig gestimmt würden. Für diese Zusammenkünfte bedurfte es eines gemeinsamen Ortes und einer gemeinsamen Zeit. Man entschied sich für einen Abstand von sieben Tagen, um stets am gleichen Ort miteinander zu reden, Waren zu tauschen, sich zu organisieren, zu feiern und zu den gemeinsamen Göttern zu beten. So wurde jeder siebte Tag zu einem besonderen. Es entwickelte sich ein gemeinsamer Kult und eine Kultur der Gemeinsamkeit. Daran hat sich nicht viel geändert. Bis in die heutige Zeit ist der Sonntag die Zeitinstitution, die dem Sozialen, dem Gesellschaftlichen, dem Kult und der Kultur gewidmet ist. So zum Beispiel wählen wir die politischen Repräsentanten unserer Gesellschaft an einem Sonntag. Wenn wir dieser Tradition 5000 Jahre treu geblieben sind, dann deshalb, weil sie anerkennt und stets von Neuem bestätigt, dass der Mensch ein soziales Wesen ist, das Gemeinschaft als Lebensmittel braucht. Der Sonntag ist keine Erfindung der Kirchen, wie vielfach vermutet. Seit 5000 Jahren gibt es diesen außerordentlichen Tag, der mit der Woche erfunden wurde. Ohne ihn wäre die Woche ein 5000-jähriger Irrtum.

Warum steht dieser wöchentlich einmalige Tag heute zur Disposition? Wie viele andere Fragen, die sich heute stellen, ist auch sie eine Folge jener Dynamik, die wir „Globalisierung" nennen. Die Dynamiken der Globalisierung zielen nicht nur auf die Ausweitung des Aktivitätsraumes, sondern auch auf die zeitlicher Handlungsmöglichkeiten. Das dominierende Medium dieser zeitlichen Expansion ist das Internet. Es besitzt bekanntlich keinerlei Zeitstruktur, kennt weder den Tag noch die Woche, keinen Sonntag, keinen Monat und kein Jahr. Die das Dasein ordnenden Säulen des Anfangens und des Beendens sind ihm fremd. Es kennt keine Übergänge, keine Pausen und keine Zwischenzeiten.

Das Internet ist ein zeitliches Nirwana, das die Rhythmen der Natur, auch die Rhythmizität der menschlichen Zeitnatur und die Zeiten der sozialen Systeme ignoriert. Das Internet ist unnatürlich, unmenschlich und unsozial. Das macht es so attraktiv. Es besitzt nämlich jene End- und Zeitlosigkeit, die dem Menschen abgeht, die er aber ersehnt und anstrebt. Es ist die sinnlose Konkurrenz mit dem Internet und dessen Zeitlosigkeit, die den Einzelhandelsverband treibt, den Sonntag, den es im Internet nicht gibt, auch in seiner analogen Form abzuschaffen. Ziel ist es, dem Prinzip Zeit-ist-Geld keine Grenzen mehr zuzumuten, wie das im Internet bereits gegeben ist. Es geht bei dem Streit um den Sonntag nicht um individuelle oder soziale Freiheit. Es geht um die Ausweitung des Warenmarktes und des Geldverkehrs.

„Die Gesellschaft als Ganzes", mahnt Wilhelm Röpke, einer der Väter der Sozialen Marktwirtschaft, „kann nicht auf dem Gesetz von Angebot und Nachfrage aufgebaut werden." Sozial wird der Mensch, wenn er das „Nutzlose", das „Übernützliche" zu schätzen weiß und wenn er dem Leben jenseits des Erwerbsinteresses Chancen gibt. Vertreibt man das „Übernützliche" aus dem Leben, bleibt nur das Unnütze. Das ist auch der Grund, weshalb sich der Sonntag als „besonderer" Wochentag aus der Sicht individueller Freiheitsrechte nicht umfassend rechtfertigen und verteidigen lässt. Der Sonntag ist kein arbeitsfreier Tag, den man wahlweise auch am Mittwoch nehmen könnte. Heute haben die Individuen den Tag der Gemeinschaft nötiger denn je, denn sie arbeiten, leben und feiern wie zu keiner Zeit zuvor unter der Woche zu verschiedenen Zeiten. Um die Chance zu haben, zueinander zu finden und zu kommen und nicht ständig aneinander vorbeizulaufen, ist eine gesetzliche festgeschriebene Sonntagsgarantie in flexiblen Zeiten wie heute unverzichtbar.

Um diese zu gewährleisten, schränkt das deutsche Grundgesetz an einem von sieben Wochentagen die Handlungs- und Erfahrungsmöglichkeiten der Gesellschaftsmitglieder ein. Dies mit der Absicht, anderen Handlungs- und Erfahrungsmöglichkeiten, im Gesetz sind „Arbeitsruhe" und „seelische Erhebung" genannt, eine Chance zu geben. Das taten die Väter und die wenigen Mütter des Grundgesetzes nicht etwa, weil sie eben mal Lust dazu hatten, und sie taten es auch nicht, weil sie den Kirchen einen Gefallen tun wollten. Sie entschieden sich bewusst und aus Interesse an der Vergesellschaftung der Bürger und Bürgerinnen. Der Schutz des Kollektivgutes „Arbeitsruhe" gerät unter Rechtfertigungsdruck, wenn sich, was als „Freiheit" verstanden wird, ausschließlich auf die Erweiterung der Wahlfreiheiten beschränkt. Ein derart individualistisches Verständnis von Freiheit würde es ebenso legitimieren, die mit der Zeitinstitution „Woche" etwa gleichaltrigen Pyramiden zugunsten eines profitablen Einkaufs- und Vergnügungszentrums abzureißen. Novalis sprach in diesem Zusammenhang von „grobem Eigennutz" und verspottete ihn als „das notwendige Resultat armseliger Beschränktheit". Die Einschränkung der Wahlfreiheiten geschieht im Falle des Sonntagsgebotes nicht, um die Freiheit zu verringern, sondern um der Freiheit willen.

Jetzt aber mal schön langsam!

Auf die mit dem matten Begriff „abgebremste Zeiten"
beschriebenen Zeitqualitäten, dazu zählen unter vielen
anderen die Langsamkeit, das Warten und Abwarten, das
Innehalten, die Pause, die Geduld, das Zögern und Ver-
zögern sowie das Trödeln, kann und darf die Menschheit
nicht verzichten, will sie die Grundlagen ihres Daseins
nicht gefährden. Der mehr oder weniger offen geführte
Kampf gegen das Warten, die Abschaffung der Pausen-
zeiten, die Diskriminierung des Langsamen, alles das
verringert unsere Lebensqualität und unseren geringen
Zeitwohlstand. Vieles hat nur dann eine Chance, sich
von selbst zu erledigen, wenn man es langsam angeht,
wenn man es auch mal eine Weile liegen lässt und liegen
lassen kann. Das bestätigen viele Urlaubsrückkehrer, die
übereinstimmend die Erfahrung gemacht haben, dass
sich ein Großteil der in ihrer Abwesenheit eingegange-
nen Sofort-Botschaften zwischenzeitlich erledigt hat.
Antwort überflüssig. „Zeitsparen durch Nichtstun" ist,

vor allem im Arbeitsumfeld, eine vielfach unterschätzte und nur selten gewürdigte Produktivkraft. Zeiten der Besinnung, des Abwartens, der Kontemplation verbessern, das sagt zumindest die sozialwissenschaftliche Forschung, die Qualität der Entscheidungen. Andere Untersuchungen lassen wissen, dass langsame, gründliche Mitarbeiter – mehrheitlich handelt es sich dabei um ältere Personen – bei ihrer Arbeit im Durchschnitt weniger Fehler machen als jung-dynamische Heißsporne, die oftmals auf dem Sprung zur nächsten Sensation sind. So ist es denn fahrlässig und fatal, wenn ausschließlich Schnelligkeit in der Geschäftswelt als Erfolgsrezept gilt.

Zeitdruck ist kontraproduktiv, wenn mit der Langsamkeit zugleich auch Gründlichkeit, Sorgfalt und Achtsamkeit abhandenkommen. Offensichtliches Beispiel dafür ist die Mail-Kommunikation: Die für den Briefverkehr selbstverständliche Regel, tunlichst nichts zu schreiben, was man sich zuvor nicht gut überlegt hat, und dieses dann so zu formulieren, dass zu Nachfragen möglichst wenig Anlass besteht, ist beim Mailverkehr außer Kraft gesetzt.

Langsamkeit ist kein Luxus und erst recht keiner, den sich nur die leisten können, die vorher ordentlich aufs

Gas gedrückt haben. Genauso wenig ist die Langsamkeit eine Störung, ein Defizit. Sie ist nicht für Fußkranke und „Zurückgebliebene" reserviert. Sie ist zum Leben, vor allem auch zum Überleben wichtig. Sie gehört zum Zeitwohlstand.

Diesem räumen die Menschen im Süden Europas traditionell einen höheren Stellenwert in ihrem Dasein ein als die Bewohner nördlicher Breiten. Ist „Zeit haben" ein Glücksfaktor, geht es einem im Süden besser als in nördlichen „Zeitspargesellschaften". Je weiter man sich den südlichen Regionen nähert, umso eher und umso unproblematischer gehören die abgebremsten Zeitqualitäten zu den Selbstverständlichkeiten des Alltagslebens. Sie sind dort nicht, wie in den trüberen Regionen Europas, nur Wattebäuschchen für die Schürfwunden der Alltagshetze. Sie zählen dort zur Lust am Lebendigen und zur lebendigen Lust an der Zeit. Daher auch Nietzsches Plädoyer: „... den Süden in sich wieder entdecken und einen hellen glänzenden geheimnisvollen Himmel des Südens über sich aufspannen ..."

Den im Norden Gebliebenen schrieb der leidenschaftliche Spaziergänger Robert Walser ins Stammbuch: „Es ist meine feste Überzeugung, dass wir alle viel zu wenig langsam sind", denn, so an anderer Stelle: „Alles Schöne und Gute scheitert nur immer an der Unruhe." Wer bremst, kommt weiter. Denn es ist nun mal besser, langsam zufrieden, als schnell unzufrieden zu werden.

Wie bekommt man das hin? Mit Rezepten und Tipps jedenfalls nicht. Besser ist es, sich an Kafkas Landarztmotto zu halten: „Rezepte schreiben ist leicht, aber im übrigen sich mit den Leuten verständigen ist schwer." Allemal lohnt sich ein längerer Blick in die reichen Schätze der Schönen Literatur. In Friedrich Hebbels Tagebuch zum Beispiel. Dort findet man den lebenspraktischen Hinweis: „Rasch und langsam leben. Das eine heißt, das Leben genießen, das zweite: sich die Gelegenheit zum Lebensgenuss erhalten." Nicht weniger bedenkenswert ist auch das, was der Walzerkönig Johann Strauss von seinen Musikern verlangt: „Der Schwung hat aus einer ruhigen Bewegung zu kommen." Noch mehr kluge und brauchbare Anregungen findet man in Märchenbüchern, in Romanen und Novellen. Doch vergessen wir nicht, wenn wir uns auf die Suche machen, dass man nur dann Brauchbares entdeckt, wenn man sich auch Zeit für die Suche nimmt. Es muss ja nicht gleich jene großzügige Zeitwirtschaft sein, die in einem Sanatorium auf dem

Zauberberg gepflegt wurde, wo der Monat die kleinste gezählte Zeiteinheit war.

Zwei Märchen als Anregung: Das erste, es handelt von drei Wünschen, lehrt: Die Eiligen, die Fixen und Ungeduldigen, die sich für ihren ersten Wunsch zu wenig Zeit lassen, sind gezwungen, die beiden übrig gebliebenen zur Wiedergutmachung jenes Schadens zu verwenden, den sie durch ihren zu schnell geäußerten ersten Wunsch verursacht haben.

Das geläufigere zweite Märchen, das vom Hasen und dem Igel, gibt Lesern und Zuhörern zu bedenken, dass sie mit ihrem raschen und überraschenden Tod rechnen müssen, wenn sie ohne Unterlass zwischen ihren Zielen hin und her rasen, während es sich diejenigen gut gehen lassen können, die zu zweit sind und sitzen bleiben.

Schiller scheint die beiden Volksmärchen gekannt zu haben. Er prophezeite, das langsamste Volk würde dereinst die schnellen Völker einholen. Ist das so, und alles spricht dafür, dass es so ist, dann bleibt einem nur, sich des Barockdichters Angelus Silesius zu besinnen: „Halt an, wo läufst du hin, der Himmel ist in dir".

Es ist nicht auszuschließen, sogar wahrscheinlich, dass die Langsamen bereits am Ziel angekommen sind, während die Schnellen sich weiterhin abstrampeln, dabei ihr Tempo stetig erhöhen, um schließlich dort anzukommen, wo die Langsamen bereits sitzen, sich ausruhen und fröhlich mit einem Lied auf den Lippen auf die schnellen Nachzügler warten. Kein Weg, zumindest kein schneller, führt an dem Gesetz vorbei, dass nur reich an Zeit wird, wer arm an Eile ist. In Lebenspraktiken umgesetzt: Erhöhen wir das Tempo, bekommen wir mehr Geldanlagen, werden wir langsamer, erhalten wir mehr Grünanlagen. Treten wir stärker aufs Gaspedal, blühen uns mehr Banken, drosseln wir die Eile, erhalten wir mehr Bänke. Vorerst jedoch leben wir mit dem Dilemma, dass die Schnellen vom Leben, die Langsamen hingegen vom Chef bestraft werden.

Gründe genug, um sich und seiner Mitwelt hin und wieder mal die Frage zu stellen, ob man das Leben nicht vielleicht doch etwas zu schnell hinter sich bringt? Vergeblich die Hoffung, aus lauter Mangel an Zeit die eigene Beerdigung zu verpassen. Nein, man kann noch so sehr aufs Tempo drücken, man wird nicht mehr vom Leben haben. Ein besseres, friedlicheres, zufriedeneres und zeitsatteres Dasein kann nur erhoffen und erwarten, wer langsam lebt. Weder die Erhöhung der Schrittgeschwindigkeit noch die der Lautstärke unseres Pfeifens weisen uns den Weg aus dem Wald unserer Zeitprobleme und Zeitnöte. Das können nur Geduld, Ausdauer und Beharrlichkeit. Eines lässt sich im Leben nie wiedergutmachen: sich nicht genug Zeit genommen zu haben.

Zeit haben

In einem gut besuchten Münchner Biergarten an einem langen hellen Juniabend lässt sich ein älterer Einheimischer, an seiner stoisch-immobilen Gelassenheit und seiner Kleidung unzweifelhaft als Bayer zu erkennen, mit einer Maß Bier an einem Tisch unter einer Kastanie nieder. Kaum hat er Platz genommen, setzen sich drei etwas atemlose Jungdynamiker, die den Eindruck machen, soeben ihre Joggingtour beendet zu haben, zu ihm auf die gegenüberliegende Bank. Sie packen einen Strauß Radieschen, einen Camembert-Käse und ein paar Brezeln aus und holen sich jeweils eine Cola-Light vom nahen Kiosk. Die ungewöhnliche Komposition von Speis und Trank führt bei dem schnauzbärtigen Bayern zwar zu einem leicht irritierten Kopfschütteln, stört aber seine kontemplative Ruhe nicht weiter. Um die Ruhe des Gemütes wieder in Balance zu bringen, muss eine zweite Maß Bier her und eine halbe Stunde später eine dritte. Ein Sachverhalt, der einen der Cola trinkenden Jogger

so verunsichert, dass er den biertrinkenden Bayern mah-
nend fragte: „Entschuldigung, wissen Sie eigentlich,
dass man langsam blöde wird, wenn man so viel Bier
trinkt?" „Wieso?", die unaufgeregte Antwort des Bayern, „wieso, ich hab' doch Zeit."

Eine bescheidene Utopie

Wer Angst vor der Zeit hat, organisiert sie. Jedes Jahr der gleiche Trick: Im Frühjahr nimmt man uns eine Stunde – und im Herbst erhalten wir sie wieder zurück. Dass wir Zeit geraubt bekommen, kennen wir nur allzu gut, das passiert uns täglich, nicht nur beim jährlich wiederkehrenden Zeigersprung in die „Sommerzeit". Dass wir mit einer Stunde beschenkt werden, das ist in unserem Tempodrom ein eher seltenes Ereignis.

Die Uhr wird für eine Stunde im Jahr ohnmächtig. Für sechzig Minuten wissen wir nicht, was die Stunde geschlagen hat. Wir haben Sehnsucht nach einer solchen Situation und trotzdem fürchten wir uns vor ihr. Die schöne Hoffnung, eine Stunde geschenkt zu bekommen, wir dürfen sie haben – aber wir dürfen sie nicht leben. Wir müssen – und sollen sie wohl auch – verschlafen. Das Geschenk einer zusätzlichen Stunde wird uns nämlich in tiefster Nacht gemacht, wenn wir still und brav in unseren Betten liegen, zwischen zwei und drei Uhr. Es

ist dies die lebloseste Zeit des Tages und die geschenk-
te Stunde deshalb auch. Stört das Geschenk vielleicht?
Wen nur?

Zuallererst die Priester der Uhrzeitreligion, die die
Fahrpläne der Bahn AG erstellen und deren Einhaltung
organisieren. Sie haben um diese Zeit die geringsten
Probleme mit der Koordination der Züge. Warum aber
sollen deshalb alle übrigen Zeitgenossen und Zeitgenossinnen ihr Zeitleben am Zugverkehr ausrichten?

Lieblos gehen wir mit der geschenkten Stunde am
Ende des Sommers um. Wir überleben sie, leben sie aber
nicht. Warum eigentlich schenkt man uns die sechzig zusätzlichen Minuten nicht am Nachmittag zwischen 14.00
und 15.00 Uhr? In dieser Zeit könnten wir doch viel
mehr mit ihnen anfangen. Es wäre doch toll, eine Stunde
Zeit, in der die Zeiger im ganzen Land stillstehen! So
etwas Schönes will ich doch erleben und nicht verschlafen! Eine Stunde ohne Takt: das möchte ich doch nutzen,
um mir zu erlauben, auch selbst eine Stunde takt-los sein
zu dürfen. Eine Stunde Zeit, in der man das Zeitliche
bereits als Lebender segnen könnte – das wär's!

Wir sollten dafür kämpfen, zu jeder Zeit – nur nicht in
den geschenkten Stunden! Eine Verschiebung um zwölf

Stunden müsste doch möglich sein! Welche Partei verspricht es uns?

Eine Stunde temporäres Brachland zwischen zwei und drei Uhr Nachts: geschenkt!

P.S.: Und wenn wir schon am Verschieben von Terminen sind, warum hängen wir denn eigentlich den Schalttag, der uns alle vier Jahre geschenkt wird, nicht an den Juni. Da ist es doch sonniger als im oftmals grauen Februar.

Stellen Sie sich vor: Nichts ist geschehen

Stellen Sie sich vor, ein Zeitzeuge, eine Historikerin oder Ihr Großvater berichtet, im Jahre 1950 sei nichts geschehen. Würden Sie ihnen glauben, würden Sie neugierig werden und nachfragen? Oder würden Sie an ihrer Zurechnungsfähigkeit zweifeln?

Heute muss immer etwas geschehen und aus diesem Grund muss auch immer etwas geschehen sein. Wer das leugnet, macht sich zum Fall für die Psychiatrie oder, je nach vorangeschrittener Lebenszeit, für's Altersheim, das, ohne dass wirklich etwas geschehen ist, jetzt „Seniorenresidenz" heißt. Aber genau diese Formulierung: „Nichts ist in diesem Jahr geschehen", findet sich in einer walisischen Chronik für das Jahr 1048.

Ein Jahr, in dem nichts geschieht, das könnte uns vielleicht einmal unsere Regierungsspitze in einer ihrer unvermeidlichen Silvesteransprachen ankündigen. Aber dürfte sie anschließend weiterhin „Spitze" bleiben? Natürlich nicht, denn Regierende sind ja zuallererst dafür da, dass etwas geschieht – und dass dabei nicht allzuviel passiert.

Trotzdem, nach einem ersten Schreck und einer Phase der Irritation, dass uns in einem solchen Jahr unendlich langweilig werden würde, entsteht vielleicht, wenn wir ehrlich sind, eine große Sehnsucht nach einem solchen Jahr des Nichtgeschehens. Eine Zeit, in der die Nachrichtensendungen im Fernsehen aus 364 Wiederholungen jener bestünden, die am 1. Januar gesendet wurden, mit dem Zusatz, dass auch heute wieder nichts geschehen sei. Ach ja, warum geschieht das eigentlich nicht? Vielleicht, weil solch ein Ereignis der Ereignislosigkeit überhaupt das größtmögliche Geschehen wäre, das uns passieren könnte. Aber wenn wir tot sind, dann geschieht uns andauernd, dass nichts geschieht. Ein bisschen würde man schon gerne wissen, wie das dann ist.

Das Sofa auf der Autobahn

Man glaubt es nicht! Was ist denn da los? Gibt's denn so was? Am 2. Mai 2011, um 14.45 Uhr warnt der bundesweit ausgestrahlte Deutschlandfunk die Autofahrer vor einem auf der Autobahn 61 bei Mönchengladbach herumstehenden Sofa, das den Verkehr behindert. Am 22. September 2011, diesmal etwas später am Tag, um 19.05 Uhr, bat der gleiche Sprecher des gleichen Senders die zuhörenden Autofahrer zur Vorsicht wegen einer Matratze, die, schon wieder im Westen der Republik, eine rechte Fahrbahn blockiere. Der Bayerische Rundfunk, der den Straßenverkehr nicht minder aufmerksam beobachtet und fürsorglich kommentiert, warnt einen Monat später auch vor einem Sofa, das diesmal auf der A 8 zwischen Weyarn und Holzkirchen gesichtet wurde und – das kann doch kein Zufall gewesen sein – zwei Wochen später erneut unter den Gefahrenhinweisen auftaucht. Diesmal jedoch steht es auf der Gegenfahrbahn zwischen den Anschlussstellen Holzkirchen und Weyarn.

Naht die sommerliche Urlaubszeit, sind es seltener Sofas, sondern eher Sonnenliegen, die sich auf den Schnellwegen der Republik herumtreiben und die Autofahrer daran erinnern, dass es attraktive Alternativen zur stressigen Umherraserei gibt. Niemand zwingt die Hörer und Hörerinnen, die fürsorglichen Hinweise des Verkehrsfunks als Warnhinweise, wie sie bezeichnet werden, zu interpretieren. Was spricht eigentlich dagegen, in ihnen eine Einladung, eine Aufforderung zu sehen, es etwas langsamer anzugehen, mal innezuhalten. Vielleicht handelt es sich ja um die Aktion einer bisher verborgen agierenden Speerspitze der Enthetzung, die mit originellen Operationen auf den Zustand in dieser Gesellschaft aufmerksam machen will, der ihren Zeitgenossen den verdienten Zeitwohlstand verwehrt. Das Sofa auf der Autobahn – ist es ein Vorzeichen besserer Zeiten, vielleicht sogar das Wetterleuchten einer Renaissance der Muße? Wir ahnten es ja immer schon, die Zeit hat jene Zeitgenossen lieber, die in der Hängematte liegen, als die, die ziel- und einfallslos durch die Gegend rasen, aufs Gaspedal drücken und alle fünf Minuten auf die Uhr schauen.

Sind möglicherweise Zeitrebellen mit Aufsehen erheischenden subversiven Zeitpraktiken unterwegs? Piraten vielleicht – die ihr Aktionsfeld über das Meer und das Netz hinaus auf die Autobahn erweitert haben, oder eine Enthetzungsavantgarde, die mit originellen Aktionen versucht, dem Wahnsinn der Multitaskingseuche die Stirn zu bieten? Beobachten wir das alles weiterhin aufmerksam – gemeinsam mit den Mitarbeitern des Verkehrsfunks – und erkennen wir in den Sofas auf der Autobahn den Vorschein einer besseren, sich heute ankündigenden Zukunft. Ob diese Zukunft „paradiesisch" sein wird, weiß man nicht, da Bayern 5 – „die schnellste Art Bescheid zu wissen" – (am 16.04.2001, 8.58 Uhr) meldet, dass im „Paradies" für Lastwagenfahrer Schneekettenpflicht besteht.

Was aber kann man tun, um die Welt und ihren Umgang mit Zeit attraktiver zu machen, wenn man nicht gerade mal ein überflüssiges Sofa zur Hand hat? Ein paar völlig unverbindliche Vorschläge:

• Ärgern Sie sich mal wieder, dass Sie den Zug zu Ihrem Termin verpasst oder nur im allerletzten Moment mit heraushängender Zunge erreicht haben, nehmen Sie in Zukunft doch einfach den vorhergehenden.

- Folgen Sie, auch wenn Sie keinen verbindlichen Termin haben, dem Ratschlag des Münchner Westentaschenphilosophen Karl Valentin: Schauen Sie am Morgen auf die Uhr und merken Sie sich die Zeit für den ganzen Tag. Dann haben Sie jene Zeit, die Sie sich so häufig wünschen, und darüber hinaus noch ein wenig mehr, um über die vielleicht wichtigste Frage im Leben nachzudenken: Was tue ich, wenn ich nichts tue?

- Auch Georg Büchner hat einen Tipp, zugegebenermaßen ist er etwas utopisch. Leonce träumt diese verwegenen Utopie: „Wir lassen alle Uhren zerschlagen, alle Kalender verbieten und zählen Stunden und Monden nur nach der Blumenuhr, nur nach Blüte und Frucht. Und dann umstellen wir das Ländchen mit Brennspiegeln, dass es keinen Winter mehr gibt und wir unsern Sommer bis Ischia und Capri hinaufdestillieren."

Und noch etwas: Falls es Ihnen entfallen sein sollte, hier der Trick, wie man das mit der Langsamkeit auch abseits der Autobahn hinbekommt: Das Langsame – und dieser Satz steht fest – ist stets das Schnelle, das man lässt!

Die Tage des „Dazwischen": Schwebende Zeiten

Wie alle Kalenderdaten, so ist auch die Zeitspanne, die wir „Zwischen den Jahren" nennen, keine vorgegebene, keine objektive Zeitwirklichkeit. Sie ist Menschenwerk, erfundene Wirklichkeit und zählt nicht einmal zu den offiziellen kalendarischen Ereignissen. „Zwischen den Jahren" ist eine volkstümliche Bezeichnung für die von Terminen und beruflichen Verpflichtungen entlasteten Tage, in denen das alte Jahr auf das neue trifft.

Hört man sich im Bekanntenkreis um, sind die Schleusentage des Dazwischen, die Tage des Jahresübergangs, mit Familienstreitereien angereicherte, sich zäh hinziehende Zeiten zwischen Weihnachtsstille und explosiver Stimmung an Silvester. Es sind meist Tage, in denen das Fernsehprogramm Filme aus jener Epoche sendet, in der farbige Bilder noch ein Zukunftsversprechen waren. In einigen Gegenden des Landes trifft man auch auf lokale Traditionen, in denen sich diese Zeiten „hinter den

Weihnachtsinseln, wo die See eisig das Kap des alten Kalenders umspült" (Durs Grünbein), bis zum 6. Januar, dem Dreikönigstag, hinziehen.

Unsere germanischen Vorfahren kannten, das hatten sie mit den Griechen der Antike gemeinsam, keine Zeitspanne, der sie ein solches Etikett hätten anheften können. Aus einem naheliegenden Grund: Sie hatten kein präzises Jahresanfangsdatum. Die Orientalen und die Römer kannten zwar einen Jahresanfang, aber sie feierten, aus nachvollziehbaren Gründen, kein Weihnachtsfest. Für sie alle gab es also die von den modernen Menschen geschätzten Tage des „Dazwischen" nicht. Selbst die frühen Christen kannten keine Tage zwischen Weihnachtsstille und Silvesterknallerei. Zwar feierten sie ab dem 4. Jahrhundert Christi Geburt, wie wir auch heute noch, am 25. Dezember, aber für die frühen Christen war dieser Tag identisch mit dem Jahresbeginn. Erst im Jahr 1691 setzte Papst Innocenz XII. für das christliche Abendland den 1. Januar als verbindlichen Neujahrstermin fest, ohne ihm eine besondere religiöse Wurzel zuzuschreiben. Hundert Jahre zuvor hatte Papst Gregor XIII. eine längst fällige und daher auch sinnvolle Reform des Julianischen Kalenders in Gang gesetzt und dabei jene zehn Tage aus dem Kalender gestrichen, die sich abweichungsbedingt bis zu diesem Zeitpunkt aufsummiert hatten. Obgleich es sich dabei nicht um einen Zeitsprung handelte, also nur das Zählsystem und nicht der Lauf der Zeiten korrigiert wurde, weigerten sich damals viele Protestanten, dem papistischen Zeitdiktat zu folgen. Sie richteten das individuelle und das soziale Leben weiterhin am alten Kalender aus, der Jahr für Jahr 11 Minuten und 14 Sekunden vom Sonnenjahr abwich.

So gab es in Deutschland, die Kirchenspaltung war Anlass und Ursache, für längere Zeit zwei Zeitrechnungen, die sich um einige Tage unterschieden. Das neue Jahr begann also, je nach Kalender, an verschiedenen Tagen. Jene Tage, die zwischen den Jahresanfängen der beiden unterschiedlichen Kalender lagen, nannte man im Volksmund dann die Tage „zwischen den Jahren". Die Redensart hat die Zeiten überdauert, obgleich sie – oder vielleicht gerade deshalb – einen Sinn transportiert, der den meisten Menschen unbekannt ist. In heutigen Zeiten, wo Protestanten und Katholiken dem gleichen Kalender folgen, gibt sie den Tagen zwischen Weihnachten und Neujahr eine besondere Färbung.

In den von Traditionen weitestgehend ausgedünnten Gegenden, in denen Weihnachten und Silvester weniger einem Fest als einer strategischen Herausforderung gleichen, kursiert für diese Tage auch die Bezeichnung „Brückentage". Doch nicht einmal die gibt es für die wachsende Zahl jener Zeitgenossen, die ihre Tage und Nächte vor allem im Netz verbringen. Sie kennen keine „stillen Tage", keine Zeiten „zwischen den Jahren" und keine Tage mit Brückencharakter. Im Netz ist immer gleich viel los – einige meinen: gleich viel zu wenig los. Im Netz sind alle Tage nicht nur gleich lang, sondern ausnahmslos auch gleich breit.

Was ist eigentlich das Besondere an diesen Tagen? Schaut man durch die Gleitsichtbrille des Zeitforschers, platziert sich im Stadion des Zeitalltags an der Seitenlinie und beobachtet das Zeitspiel der Menschen, dann erkennt man den Schwellencharakter, der die Tage zwischen Weihnachten und Neujahr zu besonderen Tagen macht. „Die Schwelle", schreibt Goethe in Wilhelm Meisters Lehrjahren, „ist der Platz der Erwartung." Auf der einen Seite die Weihnachtstage, die Zeiten der Wintersonnenwende, auf der anderen Seite Silvester/Neujahr. Weihnachten und die von der Kirche gekaperten

Festlichkeiten der Wintersonnenwende sind Repräsentanten der zyklischen Zeit, Silvester/Neujahr hingegen repräsentiert die Linearität der Zeit. Lineare Zeit wird von Diktatoren, die zu lieben wir in der Pflichtschule gelernt haben, gemessen und geordnet. Sie heißen Kalender und Uhren. Beide repräsentieren sie die gradlinig strenge Autorität des Buchhalters.

Die Dunstglocke des Erregungspotentials zur Jahreswende lässt sich verdünnen, wenn man sich klarmacht, dass es sich dabei um ein menschengemachtes Kunstprodukt handelt und nicht um ein Naturereignis. Ganz anders die zyklische, die naturnahe Zeit. Sie wird erlebt und erfahren, ist subjektiv und rhythmisch. Aus der Perspektive des Buchhalters ist sie „ungenau". Unser Alltag wird von beiden Zeiten geprägt. Zum einen von der zyklischen Zeit, die man sich bildlich als eine in sich zurückkehrende Kreislinie vorstellen kann und die wir als Kreislauf von Blühen und Welken, Tag und Nacht, Geburt und Tod, Sonnenauf- und Sonnenuntergang wahrnehmen und erleben. Es ist die Zeit, die den Menschen geschieht, über die sie nicht beliebig bestimmen können. Zum anderen die lineare Zeit, die gradlinige, voranschreitende, niemals wiederkehrende Zeit des

„Eins nach dem Anderen", die in der jährlichen Aufstockung der Jahreszahlen ihren numerischen Ausdruck findet. Dies ist jene Zeit, über die wir Menschen selbst bestimmen, die wir ordnen, einteilen, messen, organisieren und managen. Das Ereignis Weihnachten/Wintersonnenwende sagt uns: Alles wiederholt sich; Silvester/Neujahr hingegen signalisiert: Alles schreitet voran. In den Worten von Wilhelm Busch: „Hartnäckig weiter fließt die Zeit, / die Zukunft wird Vergangenheit. / Von einem großen Reservoir / ins andre rieselt Jahr um Jahr."

Der mehr oder weniger konfliktreiche Zusammenprall dieser unterschiedlichen Zeiten bestimmt und koloriert unser alltägliches, an Erwartungen und Perfektionsansprüchen überfrachtetes Zeithandeln. Doch meistens haben wir nur an den von Arbeitspflichten entlasteten Tagen „zwischen den Jahren" Zeit genug, uns auf der Passage zwischen den Zeiten zu erfahren.

Auf der doppelsinnigen Schwelle, dem Platz der Erwartung und des Übergangs stehend, liegt es dann nahe, sich in zwei Richtungen zu orientieren, in die zurück zu Vergangenem und die nach vorne zu Kommendem. Von „Bilanz ziehen" sprechen wir bei den immer ein wenig melancholisch machenden, rituell ornamentierten Blicken zurück, die uns einen barrierefreien Einstieg ins neue Jahr ermöglichen sollen, während wir die Übergangsriten, die den Weg nach vorne öffnen sollen, „Pläne machen" nennen. Suchen wir bei dieser angestrebten Balance zwischen dem Gestern und dem Morgen göttlichen Beistand, dann finden wir diesen beim doppelgesichtigen, vorwärts und rückwärts blickenden, römischen Gott Janus. Er verkörpert Kierkegaards Tagebuchhinweis aus dem Jahr 1843: „Leben lässt sich nur rückwärts verstehen, muss aber vorwärts gelebt werden."

Der Leidenschaft des Bilanzierens und Planens verfallen waren die Menschen jedoch erst, als sie sich entschieden hatten, modern zu werden. Erst der Geist der Moderne, der die Menschen von der Not des Hungers, der Krankheiten und der Angst vor der Dunkelheit befreit hat, schafft auch die Bedingungen, über Zeit und den Umgang mit ihr nachdenken. Mit dem Beginn jener Epoche, die man ab dem 19. Jahrhundert erst „Neuzeit" nannte und die eigentlich keine neue Zeit ist, sondern ein neues Bild, das die Menschen sich von der Zeit machen, hervorbringt, entwickelte der Mensch die Leidenschaft und den Machtwillen, die Zeit zu erobern, um sie und ihre Gestaltung in die eigene Hand zu nehmen. Ging's ums Zeitliche, schauten die Menschen nicht mehr himmelwärts zu Gott, sondern auf die Uhr und auf den Gang der Zeiger. So wanderte ihr Blick auf die Zeit vom Himmel über die Türme hinab zum Kaminsims und dann weiter fußwärts zu den Hosen- und Westentaschen. Seit etwa 100 Jahren, in der Zwischenzeit zum Volkszeitmesser geworden, sucht man die Zeitanzeige am Handgelenk. Doch nicht einmal dort fand der Blick zur Zeit längerfristig eine Heimat, denn ein paar Jahrzehnte später machte er sich auf die Reise zu den flimmernden Displays der vielfältigsten Gerätschaften.

Längst wurde die Zeit zu einem beliebten Gegenstand der Kalkulation, bei der die Illusion genossen wird, die Zukunft eigenmächtig und selbsttätig gestalten zu können, und man doch zugleich aus Erfahrung weiß, dass das Leben nicht planbar ist, sondern in seiner Unmittelbarkeit angenommen und in seinen wechselnden Gegenwarten gelebt werden muss. Auf diesem Weg zur Modernisierung des Menschen wurden die schwebenden Tage „zwischen den Jahren" immer mehr zu Buchhalter- und zu Orakeltagen. An diesen Tagen, an denen sich das Hamsterrad des gesellschaftlichen Getriebes etwas langsamer dreht, zieht man Bilanz und spekuliert anschließend, was danach kommt.

Wie es sich in einer Demokratie gehört, machen die Menschen Unterschiedliches zu dieser Zeit. Viele nutzen die kalendarische Vorgabe zur Klage, „wie schnell das Jahr wieder mal vergangen ist". Überbeschäftigte Berufstätige feiern, mal von ihrem Arbeitgeber gezwungen, mal freiwillig, ihren Resturlaub ab. Schüler und Schülerinnen freuen sich über das Versanden der Zeit während der Ferientage und ihre Lehrer und Lehrerinnen freuen sich mit. Andere Vielbeschäftigte holen längst fällige Besuche bei Verwandten und Bekannten nach oder besuchen die betagte Oma im Haus Feierabend auf dem Lande, um vor Jahresende ihr Gewissen noch mal zu entlasten. Das tun auch die, die sich über eine fachgerechte und umweltschonende Entsorgung ihres Weihnachtsbaums Gedanken machen. Und dann gibt es noch jene, die sich einbilden, einer stillen Elite anzugehören. Sie gehen, auch wenn es nichts zu tun gibt und auch niemand zu erreichen ist, für ein paar Stunden ins heizungsgedrosselte Büro, um ihren Kollegen und Kolleginnen im neuen Jahr stolz sagen zu können, sie seien zwischen den Jahren im Büro gewesen. Und die

Beamten im staatseigenen Braunschweiger Zeitlabor der Physikalisch-Technischen Bundesanstalt grübeln, wie sie ihre Mutteruhren, die inzwischen genauer sind als die sich fast jährlich um eine Sekunde verspätende Erde, an Silvester für eine Sekunde anhalten können.

Zwischen „Lukasevangelium" und „Dinner for one" ist also, obgleich nichts los ist, viel los. Die einen hetzen so weiter, wie sie das bereits vor Weihnachten getan haben, und rennen von Kaufhaus zu Kaufhaus, von Boutique zu Boutique, um umzutauschen, was sie ein paar Tage zuvor unter Zeitstress erworben haben. Andere sitzen Stunden vor dem Bildschirm, vorausgesetzt, sie haben die vom Hund unters Sofa verschleppte Fernbedienung, die alles Gewünschte in greifbare Nähe rückt, gefunden, während gesundheitsbewusste Mitbürger mit Spaziergängen und Saunagängen gegen ihr Übergewicht ankämpfen. Glaubt man Berichten von glücklich dreinschauenden Mitmenschen, dann sind diese in den terminentlasteten Tagen des Dazwischen endlich mal zu jenem Mittagsschlaf gekommen, den sie das Jahr über täglich mit mehreren Bechern Automaten-Kaffee und nervendem Kampf gegen die Müdigkeit verhindert haben. Und dann gibt's noch Zeitgenossen, die, angeregt durch den 128. Jahresrückblick im Fernsehen, auch ein wenig Bilanz bei sich zu ziehen versuchen. Sie schließen sich in ein stilles Zimmer ein und hängen zwecks Ungestörtheit ein Schild an die Tür: „Wegen Inventur geschlossen". Sie schauen zurück, ziehen ein Fazit und machen auf dessen Grundlage mit guten Vorsätzen überlastete Pläne für die nächste Tour auf der Drehbühne des Lebens. Mehr Sport, weniger Laster, zehn Kilo abnehmen und öfters mit den Kindern spielen. So, oder so ähnlich, lauten die Gelübde der Änderungswilligen. Haben sie dann auch dieses Ritual hinter sich, ist ihnen dabei wieder mal klar geworden, dass sich das Leben innerhalb der Zeit abspielt und deshalb dem Vergehen anheimgestellt ist.

Bräuche, Rituale, Gewohnheiten liefern Trost. In einigen Regionen dieses Landes treibt man das alte Jahr mit hohem Erregungspotential aus. Räuchern die einen die häusliche Bude aus, verräuchern andere Umwelt und Mitwelt mit Krach und Pulverdampf. Anderswo gehört es zur Tradition, Haus und Wohnung aufzuräumen und zu säubern, um das, was man ins neue Jahr nicht mitnehmen möchte, zu entsorgen. Schlussverächter und Schlussflüchter hingegen, beides Trennungstypen mit

Wachstumspotential, hauen am zweiten Weihnachtsfeiertag ab, lassen alles stehen und liegen und sind dann, wie sie ihren zurückgebliebenen Freunden und Freundinnen auf dem Anrufbeantworter hinterlassen, „für eine Zeitlang mal weg". Tauchen sie schließlich in den ersten Tagen des neuen Jahres wieder auf, überfällt sie die Melancholie, mit dem alten Jahr nicht richtig fertig geworden zu sein, während das neue mit voller Wucht auf sie einstürmt.

Die Tage des „Dazwischen" haben also eine ganz eigene Atmosphäre, etwas Schwebendes, etwas Traurig-Schönes. Ähnlich dem Blick durch's Schlüsselloch begleitet sie ein Gefühl der Angstlust. Zwischen Weihnachten und Neujahr erleben die Zeitgenossen, dass die Zeit vergeht. Zugleich spüren und erkennen sie, dass es nicht die Zeit ist, die da vergeht, sondern man selbst. Das sind dann oft mit Sentimentalitäten angereicherte Momente, in denen Betroffene zur Verteilung von Glückskeksen und Glücksschweinen neigen, um sich und der sozialen Mitwelt beschwörend mitzuteilen: „Alles wird gut."

Die Begleitmusik dieser Zwischenzeit ist zu Anfang eher auf die Tonart Moll ausgerichtet, bis sie dann in

Richtung Silvester lauter wird, um es dann am letzten Tag des Jahres, begleitet von überdrehter Jahresendmusik, so richtig krachen zu lassen, um die Dämonen, oder eher wohl das, was von ihnen noch übrig ist, zu vertreiben. Eine Mikro-Rebellion, die nach kurzer Nacht am ersten Tag des neuen Jahres in den Jahresanfangsblues übergeht, der spätestens dann seine Wirkung entfaltet, wenn man verkatert die in der Wohnung herumstehenden vielen leeren Flaschen sortiert, sie an der Haustüre für den Müllcontainer bereitstellt und feststellt, dass Silvester auch diesmal wieder ziemlich langweilig war. Dann doch lieber Beethovens „Neunte" – in voll aufgedrehter Lautstärke.

Nicht wenige Zeitgenossen und Zeitgenossinnen genießen die Tage zwischen den Jahren, weil sie da Dinge tun können, die das übrige Jahr zu kurz gekommen sind. Endlich Zeit, mal wieder mit etwas Schluss zu machen, das eine oder andere abzuschließen. Endlich darf man mal tun, was einem das Internet verwehrt, man darf aufhören und anfangen. Endlich eine Gelegenheit, dem Internet zu zeigen, dass man ihm vielleicht doch überlegen ist. Die Scharniertage des „Dazwischen", die man mit dem Adjektiv „schwebend" beschreiben kann, sind eine

Erholung vom Zeitgeist des „schneller und schneller". In Ruhe kann man Pläne für's kommende Jahr machen. Pläne gehören in die Zeiten des „Dazwischen" wie die Deiche zur Nordsee. Nicht erwarten jedoch sollte man, dass sich erfüllt, was man sich vornimmt. Hat man es doch auch wieder nicht einmal hinbekommen, die in Blei gegossenen Vorsätze vom letzten Jahr, die, wie schon in den Jahren zuvor, in den zwölf Monaten des zu Ende gehenden Jahres nicht abgearbeitet wurden, auf dem „Friedhof der guten Absichten" (Hegel) beerdigt zu haben. Aus dieser Schwäche jedoch den Schluss zu ziehen, es mit den hehren Plänen und den guten Vorsätzen ganz sein zu lassen, wäre übereilt. Sagen wir es so: Am besten man macht, während man die am Horizont des alten Jahres verschwindenden Vorhaben feierlich in die Gräber des Vergessens versenkt, neue Pläne. Dazu könnte auch gehören, dem Tipp des römischen Dichters Horaz zu folgen: „Vor allem sollst du lesen und gute Bücher zu Rate ziehen."

Schluss jetzt! –
Der Charme des Aufhörens

Die Erfahrungen des Anfangens und Aufhörens geben den Menschen Kraft, das Leben nach vorne zu leben. Aus ihnen schöpfen sie die Hoffnung, dass es nicht so bleibt, wie es war, dass es anders werden kann. Ohne diese Hoffnung wäre das Leben nicht auszuhalten. Wir würden immerzu auf der Stelle treten und wären, Sisyphos gleich, zu endloser Mühe verurteilt.

Wir müssen, wollen und dürfen immer wieder anfangen, weil wir nicht bleiben, was wir sind, und auch nicht bleiben wollen, was wir sind, und häufig, weil wir es nicht dürfen. Der Mensch ist ein „Übergangswesen" und diese Übergänge liegen zwischen Anfang und Ende und Ende und Anfang.

Zu einem Wesen des Übergangs macht den Menschen seine Natur. Vom Säugling wird er zum Kind, vom Kind zum Jugendlichen und vom Jugendlichen zum

Erwachsenen. Zur Markierung dieser Übergänge schuf der Mensch Signaturen und symbolische Handlungen, die er bevorzugt an Kalenderdaten oder Altersangaben koppelt. Die „glückliche" Kindheit hört mit sechs Jahren auf, wenn Kinder zu Schulkinder werden. Anfangen und anfangen können ist ein Glück, eine Chance, eine großartige Fähigkeit. Der Preis dafür ist die Notwendigkeit, mit dem, was vorher war, Schluss machen zu müssen.

Aufhören können, das ist die Freiheit, nicht immer weitermachen zu müssen, das Geschenk, „Schluss jetzt!" sagen zu können. Es ist das tragische Schicksal des Sisyphos, endlos weitermachen zu müssen, und es ist das Glück des Odysseus, nach langer Fahrt die Herumirrerei endlich sein lassen zu können.

„Wo gehen wir hin?", fragte Novalis und gab sich selbst die Antwort: „Immer nach Hause." Wer nach Hause, also zu sich selbst kommen will, muss aufhören können. Das Glück des Aufhörens besteht im Ereignis, sich selbst zu begegnen.

Die modernisierte Gesellschaft kennt kein „Schluss-machen". Sie bewältigt ihre Probleme immer nur durch Expansion, durch Weitermachen: „Noch mehr tun! Noch schneller und noch besser werden!" Jede Neujahrsansprache wiederholt es: „Wir haben viel erreicht, müssen aber aufpassen, nicht zurückzufallen." Die moderne Gesellschaft hat keinen Abschlussgedanken, sagt uns der Soziologe Luhmann. Daher müssen wir das Aufhören wieder lernen. Auch weil viele Dinge um uns herum, Geräte, Programme, Abläufe, kein Ende mehr kennen. Nie mehr „game over" lautet das Werbeversprechen. Das Fernsehprogramm kennt kein Ende mehr, das Internet auch nicht, der Ladenschluss ist abgeschafft, die Autobahn Tag und Nacht geöffnet – und zu tun gibt es auch immer etwas.

Man muss aufhören können, zur richtigen Zeit, am besten zum rechten Zeitpunkt. Richtige Zeitpunkte sind kalkulierbar, der rechte Zeitpunkt zum Aufhören hingegen ein Geschenk der Zeit. Er kommt, die Franzosen nennen es eine „bonne chance", überraschend. Rechnen und Kalkulieren helfen dabei nicht weiter. Man muss die Zeit auf sich zukommen lassen, sie zu sich einladen, muss abwarten, geduldig sein, aber auch schnell zugreifen können. Und dann der Empfehlung von Robert Walser folgen: „Ist ein Stück ausgespielt, so begibt man sich, nicht ohne vielleicht vorher rasch noch in einer

Wirtschaft ein Schinkenbrötchen gegessen zu haben, unauffällig nach Hause."

Nur wer Schluss macht, kann weitersehen, kann wieder anfangen und Neues beginnen.

„Ich beschließe nun mein Schreiben und erachte die ganze Angelegenheit für erledigt." (Karl Valentin)

WO DIE ZEIT IST

DIE LEUTE SUCHEN DIE ZEIT,
ABER SIE FINDEN SIE NICHT,
WEIL SIE IM KOPF IST –
GLEICH NEBEN DEN TRÄUMEN

(LOU KOCH, 6 JAHRE)